피터 드러커의 실천 경영 해석

경영의 부등식

Contents

P0	구경꾼	07
P1	시작하면서	08
P2	출간 뒤 바라는 결과	11
P3	경영자 질문 52	15
P4	지식노동자의 자세	34
P5	드러커의 실천경영 90	36

01. 90% 〉 100% · 37
02. 가격 기준 비용설정 〉 비용 기준 가격설정 · · · · · 39
03. 가난한 자를 부자로 〉 부자의 부를 가난한 자에게 · · · 44
04. 가용시간 〉 새로운 업무 · · · · · · · · · · · · · · · · · 45
05. 간결함 | 단순함 〉 복잡함 · · · · · · · · · · · · · · · 46
06. 강점강화 〉 약점개선 · · · · · · · · · · · · · · · · · · 49
07. 강점을 발휘할 수 있는 사람 〉 약점이 없는 사람 · · · 52
08. 결과 〉 목표 · 54
09. 경영의 투명성 〉 경영의 폐쇄성 · · · · · · · · · · · 56
10. 경영자의 자질 〉 구성원의 자질 · · · · · · · · · · · 60
11. 경제원칙 〉 회계원칙 · · · · · · · · · · · · · · · · · · 64
12. 계획의 유연성 〉 계획의 경직성 · · · · · · · · · · · 66

13. 고객 〉 상사 · 68
14. 고객 만족 〉 경쟁 우위 · · · · · · · · · · · · · · · 70
15. 고객 만족 〉 이익 창출 · · · · · · · · · · · · · · · 73
16. 고객서비스가 없는 것 〉 고객서비스를 잘하는 것 · · · · · · 75
17. 고객 변심을 반기는 것 〉 고객 변심이 두려운 것 · · · · · · 77
18. 고객이 다시 오는 것 〉 고객에게 상품을 파는 것 · · · · · · 79
19. 고객이 되는 것 〉 고객을 관찰하는 것 · · · · · · · · · 81
20. 고객이 불편하다고 느끼는 것 〉 고객이 원하는 것 · · · · · 83
21. 공감 〉 이해 · 85
22. 공헌할 수 있는 일은 〉 할 수 없는 일은 · · · · · · · · · 87
23. 구조적 변화 〉 일시적 유행 · · · · · · · · · · · · · · 89
24. 기질 | 성격 〉 기능 | 기술 · · · · · · · · · · · · · · 91
25. 기회 〉 문제 · 93
26. 깨어있는 마음 〉 흐트러진 마음 · · · · · · · · · · · · 96
27. 높은 목표 〉 쉬운 목표 · · · · · · · · · · · · · · · 98
28. 다양성 〉 획일성 · · · · · · · · · · · · · · · · · · 100
29. 단호한 표현 〉 정중한 표현 · · · · · · · · · · · · · · 102
30. 두 번째 사람 〉 첫 번째 사람 · · · · · · · · · · · · · 104
31. 마케팅 〉 영업 | 판매 · · · · · · · · · · · · · · · · 106
32. 매력 〉 유혹 · 108
33. 무조건 고객이 옳다 〉 고객관리 원칙을 지킨다 · · · · · · 110
34. 미래를 창조하는 것 〉 미래를 예측하는 것 · · · · · · · 113
35. 바름 〉 권한과 직위 · · · · · · · · · · · · · · · · · 115
36. 반만 남은 빵 〉 반만 남은 아기 · · · · · · · · · · · · 117
37. 반복 | 끈기 〉 재능 · · · · · · · · · · · · · · · · · 119
38. 방향유지 〉 방향전환 · · · · · · · · · · · · · · · · 121
39. 비용예방 〉 비용절감 · · · · · · · · · · · · · · · · 123
40. 사명 〉 목적 〉 목표 〉 수단 · · · · · · · · · · · · · 125

41. 사후서비스가 없는 것 〉 사후서비스가 완벽한 것 ····· 127
42. 상처 입히지 않는 것 〉 윤리, 도덕, 법 ········· 129
43. 생각 〉 경험 ····················· 132
44. 성과 〉 노력 ····················· 135
45. 생산적 비용 〉 소비적 비용 ············· 138
46. 소프트웨어 〉 하드웨어 ··············· 140
47. 수신자 〉 발신자 ·················· 142
48. 시간을 잡아먹는 것 〉 시간이 사라지는 것 ······ 145
49. 시간의 길이 | 일의 질 〉 시간의 양 | 일의 양 ···· 147
50. 시장 중심 다양화 〉 기술 중심 다양화 ········ 149
51. 아무것도 하지 않기 〉 의사결정의 대상인지 알기 ··· 151
52. 약점의 강점 전환 〉 약점 개선 노력 ·········· 153
53. 업무폐기 〉 사람폐기 ················ 155
54. 완벽함 〉 탁월함 | 만족함 ·············· 156
55. 욕구 〉 불만 ····················· 158
56. 위험 감당의 최소 이익 〉 지속 성장의 최대 이익 ··· 160
57. 윤리적 행동 〉 현실적 행동 ············· 162
58. 이익센터 〉 비용센터 ················ 164
59. 인간의 수명 〉 기업의 수명 ············· 166
60. 인본주의 경영 〉 자본주의 경영 ··········· 168
61. 일을 잘하는 것 〉 친절한 것 ············· 170
62. 자기계발의 책임 〉 직원교육의 책임 ········· 172
63. 자기를 바꾸는 것 〉 남을 바꾸는 것 ········· 175
64. 자발적 관리 〉 고객의 요구 ············· 177
65. 자율 〉 자유 | 관리 ················· 180
66. 잘못된 것을 버리기 〉 새로운 것을 잘하기 ····· 182
67. 잘한 것이 무엇인가 〉 잘하지 못한 것이 무엇인가 ·· 184
68. 정기적인 피드백Feedback 〉 일회성 점검 ······· 186

69. 정보제공 〉 고객서비스 · · · · · · · · · · · · · · · · · 188
70. 제안 〉 명령 · 190
71. 제품력 〉 마케팅 〉 영업력 · · · · · · · · · · · · · · · 192
72. 존경받는 리더 〉 인기 있는 리더 · · · · · · · · · · · 194
73. 지식 〉 정보 〉 자료 · · · · · · · · · · · · · · · · · · · 196
74. 지식노동자 〉 노동자 · · · · · · · · · · · · · · · · · · 198
75. 지식노동자 | 파트너 〉 피고용자 | 직원 · · · · · · · 202
76. 직접부문 〉 간접부문 · · · · · · · · · · · · · · · · · · 206
77. 징후 | 현상 〉 질병 | 문제 · · · · · · · · · · · · · · · 209
78. 책임공유 〉 권한위임 · · · · · · · · · · · · · · · · · · 212
79. 체계적 폐기 〉 혁신 | 포기, 개선, 발전 · · · · · · · 214
80. 투자投資 〉 투기投機 · · · · · · · · · · · · · · · · · · 218
82. 평범, 끈기 있는 사람 〉 비범, 끈기 없는 사람 · · · 220
82. 품질 〉 가격 · 222
83. 플랫폼Platform 확보 〉 다양한 모델 · · · · · · · · · 224
84. 하지 않아도 될 일을 아는 것 〉 일을 잘하는 것 · · 226
85. 현금흐름 〉 이익창출 · · · · · · · · · · · · · · · · · · 228
86. 해야 할 일 〉 하면 좋은 일 〉 하고 싶은 일 · · · · · 230
87. 해결책 〉 경쟁자 · 232
88. 행동 〉 계획 · 234
89. 효과성 〉 효율성 · 236
90. 훌륭한 사람 〉 좋은 사람 · · · · · · · · · · · · · · · 238

P6 핵심 가이드 20 · · · · · · · · · · · · · · · · · · · 240
01. 경영의 결과는 무엇으로 측정해야 하는가 · · · · · 241
02. 경영자의 임무 세 가지는 무엇인가 · · · · · · · · · 243
03. 고객에 대한 신뢰로 어떻게 성과가 달라지는가 · · 245
04. 공헌이력서는 무엇이며 왜 작성해야 하는가 · · · · 247

05. 기업가와 기업가 정신이란 무엇인가 · · · · · · · · · · 248
06. 기업의 생존과 지속성장은 어떻게 알 수 있는가 · · · · 252
07. 리더십이란 무엇인가 · · · · · · · · · · · · · · · · · 256
08. 사명서란 무엇이며 왜 필요한가 · · · · · · · · · · · · 260
09. 성공적인 기버Giver는 어떤 사람인가 · · · · · · · · · 263
10. 생존 부등식의 의미는 무엇인가 · · · · · · · · · · · · 269
11. 연구개발투자의 다섯 가지 원칙은 무엇인가 · · · · · · 272
12. 오늘의 경영성과를 좌우하는 네 가지는 무엇인가 · · · 275
13. 우리의 사업은 무엇인가, 무엇이어야 하는가 · · · · · · 277
14. 전략과 일곱 가지 원칙은 무엇인가 · · · · · · · · · · 282
15. 조직에서 시간 낭비가 생기는 원인은 무엇인가 · · · · 287
16. 지식노동자는 왜 날마다 학습해야 하는가 · · · · · · · 289
17. 체계적 폐기는 왜 정기적으로 해야 하는가 · · · · · · 292
18. 혁신이란 무엇이며 어떻게 추진해야 하는가 · · · · · · 294
19. 혁신기회의 탐색 방법은 무엇인가 · · · · · · · · · · 302
20. 현대경영의 3요소는 무엇인가 · · · · · · · · · · · · 311

P7 **경영자 질문 52 해답** · · · · · · · · · · · · · · · · 314

P8 **드러커가 컨설팅했거나 눈여겨볼 만한 기업들 20** · · · · 317

P9 **글로벌 지식노동자가 되는 훈련에 쓸모있는 것** · · · · · 318
  1. 도서목록 20 · 319
  2. 동영상목록 36 · 320

P10 **마무리하면서** · 322
  우리말 적용의 노력 · · · · · · · · · · · · · · · · · · 323

PO
구경꾼

일부러 비운 공간이다. 선입견을 버리고, 판단도 하지 말며, 가만히 앉아서, 생각 없이 밖을 보고, 일어나는 느낌 그대로 배우나 관객이 아니라 구경꾼이 되어 보자.

P1
시작하면서

1909년에 태어나서 2005년에 95세로 생을 마감했으니 온전히 20세기와 인생을 같이 보낸 사람이 드러커다. 그는 오스트리아에서 청년 시절까지 보내고 히틀러의 카리스마 악행 惡行을 감지하고는 영국으로 탈출하여 직장생활을 한 뒤, 미국에 정착하여 평생을 보냈다. 그는 20세기를 살면서 제국주의, 사회주의, 자본주의를 모두 겪은 사람이다. 그런 드러커가 경영학을 인생경영과 조직경영의 플랫폼으로, 인본주의를 바탕으로 인간의 생산성을 높일 수 있는 도구로 만들었다. 그는 경영은 인간에 관한 것이라고 확신했다.

무엇보다 중요한 공헌은 1959년에 지식노동자라는 개념을 발표하고, 돈이 권력이 되어 버린 현대사회에서 그 자신이 노예가 아닌 지식노동자로, 자신이 바라는 인생의 주인이 될 수 있다는 것을 증명하였다. 물론 그에게도 행운이 있었지만 말이다.

세상의 모든 생명체는 벤처기업이다. 벤처기업이란말이 모험사업을 말하는 것이고, 미래가 예정되어 있지 않으며, 그 미래를 알 수 없다는 면에서 그렇다. 그는 누구라도 자신의 연구 결과에 대해 의문을 품고, 방향이 틀린 것으로 드러난 것, 더는 적합하지 않은 것, 결과를 산출하지 못하는 것, 혹은 그냥 잘못된 것은 폐기하라고 말했다. 자기 공헌에 교만하지도 않았고, 자신의 경영 사상이 유일하다고 믿거나 그것에 완전히 빠지지도 않은 사람이다. 다음에 발표할 연구 결과가 언제나 그 전보다는 훌륭할 것이라는 자세로 배우고 가르치고 글로 썼을 따름이다.

반도체와 컴퓨팅 기술이 본격적인 인공지능과 로봇 시대를 앞당기고 있다. 슬프게도 인간만이 할 수 있었던 일을 인공지능과 로봇이 대신하는 범위가 넓어지고, 그들과 경쟁하여 인간의 생산성이 더 높을 때만 그 일은 인간의 몫이다. 곧 겪게 될 100세라는 평균수명에 대응해야 하는 인간은 하나 이상의 세계에서 살아야 한다. 제1직장에서 일할 수 있는 기간은 더 짧아질 것이므로, 지식노동자의 지위가 더 길어져야 한다. 평생 한 가지 직업만으로 생을 마감하는 시대는 사라졌고 명함 두 개를 가지고 다니는 것이 보편적인 사회로 진입했다. 한 개는 현재 일이고 다른 한 개는 미래 일이거나 병행하는 일이 될 것이다.

기준은 만드는 자가 세우는 것이나, 자본주의가 시장의 원칙인 시대에 쉬운 일은 아니다. 거의 모든 것이 돈으로 계급화된 사회에서 100세 수명의 지식노동자가 자기 길을 스스로 개척할 수 있는 길은 좁을 수도 있겠지만, 지식노동자 스스로 주인이 되는 세상을 포기할 수 없고, 그런 독립적 1인 자유경영자의 삶이 불가능한 것은 절대 아니다.

세상에서 말하는 기준이나 원칙을 따르는 선수가 되기보다는
자기가 기준과 원칙을 세우는 심판이 되겠다는 사람이
지식노동자이자 인생 벤처기업가이다.

그 기준과 원칙은 지식노동자 자신뿐만 아니라 사회 구성원 모두에게 이로운 것일수록 의미가 있다. 그렇게 할 수 있는 사람들은 생산적이며 성공적인 기버 Giver다.

울창한 숲속에서도 땔감을 발견하지 못하는 사람이 있는가하면, 술 취한 사람이 한 귀족을 죽였다는 소식만 듣고도 세계대전이 일어날 것이라고 감지한 사람도 있다. 그가 드러커다. 드러커가 개척한 지식노동자의 길을 함께 가보자.

P2
출간 뒤 바라는 결과

이 책의 기본 원칙은 '말할 수 없는 것은 침묵한다'는 것이다. 이것은 철학자 비트겐슈타인 Ludwig Josef Johann Wittgenstein [1]의 말이지만, 드러커가 경영학자, 생태학자, 문필가로 95세까지 살면서 한결같이 주장하고 실천을 통해 보여 준 모습에서도 확인할 수 있다. 그는 말할 수 있는 것만 말했다.

드러커는 자서전 형식의 책인 '방관자의 모험'에서 '구경꾼은 자기만의 역사가 없고, 무대 위에 있으나 연극에는 참여하지 않으며, 그렇기에 배우나 관객이 눈치채지 못한 것을 볼 수 있다'라고 했다. 그가 바로 인류 역사의 구경꾼이었으며 자신의 세계와 주변 세계를 제삼자의 눈으로 관찰할 수 있었던 인물이다. 구경꾼은 적어도 싸움에 직접 참여한 사람보다는 객관적인 눈을 가질 수 있다. 나는 여전히 연극배우이자 관객의 역할로 살고 있지만, 지금은 구경꾼으로 하루 1/3

---

1. 1989~1951. 오스트리아와 영국에서 활동한 철학자. 논리학, 수학 철학, 심리 철학, 언어 철학 분야에 업적을 남겼고, [논리 철학 논고]와 [철학 탐구]를 저술했다. 20세기 가장 위대한 철학자로 인정받는다.

정도 시간 자원을 쓰고 있다. 시간이 흐를수록 구경꾼의 역할이 더 커질 것이다. 우리는 말할 수 없는 것을 너무 당당하게, 그것도 확신하여 말하는 것을 흔히 듣게 된다. 이것은 모든 인간의 약점이기에 드러커의 말대로 개선하기 어렵다. 여기서는 그런 것들은 폐기하고, 객관적이며, 인간생활과 시장이라는 경영 세계에서 실전 경영의 검투사 Gladiator들이 '그렇다'라고 공감할 수 있는 내용을 실전 경영의 체험자이자 관찰자의 처지에서 보고 듣고 느낀 것들을 해석하고 정리하였다.

그리고 드러커 경영 사상을 실제 우리의 삶, 개인, 조직, 사회 경영에 어떻게 적용할 수 있는지 말하고자 한다. 드러커는 '무엇이어야 한다'는 질문과 '왜 그런가' 하는 답은 했지만 '어떻게 해야 한다'는 내용은 상대적으로 많이 제시하지 않았다. 그것은 세상일이 개별적이고 변수도 다르므로 해석과 해답은 문제와 기회를 가진 학습하는 지식노동자 자신이 가장 잘 알 수 있고, 스스로 행동을 통해 해결해야 한다고 믿었기 때문일 것이라고 생각한다.

세계적 석학이 말하는 지식이라 하더라도 그것은 이미 존재한 인류의 지식, 이 지구라는 생태계 안에서 사회적 도움을 받은 것이 대부분이다. 나는 지식을 공짜라고 할 수는 없으나 배타적 독점권을 감싸고 싶지 않다. 교과서의 등장으로 교육 받을 기회가 더 많은 사람에게 혁신적으로 확대된 것처럼, 지식이 대가 없이 또는 적은 비용으로 공유될 수 있다면 더 많은 사람이 자신을 지식노동자로 전환할 수 있을 것이다. 소아마비 백신 개발에 평생을 바친 소크 Jonas Salk 박사가 '특허권은 없다. 태양에 특허를 낼 수 있는가'라고 했던 인류애는 진정한 사회공헌의 표본이다.

이익 창출의 도구로 바뀐 오늘의 대학 운영이란 중세시대 천국으로 가는 티켓을 파는 것과 다름없다. 유명 대학 졸업장이 있다고 그 사람의 인격이 훌륭하다 보증할 수 있는 것도 아니며, 그의 개인적 인생 성공이 더 나은 인본주의 사회에 기여한다는 보장도 없다. 이제는 돈이 없거나 방법이 없어 배우지 못하는 시대가 아니다. 배울 수 있는 길, 훌륭한 선생들, 요긴한 콘텐츠 Contents는 인터넷에 널려 있다. 시간과 끈기만 있다면 누구든지, 언제든지, 어디서든지, 무엇이든지 배울 수 있는 열린학습 시대다.

이 책은 나의 지식 범위 안에서 쓴 것이므로, 이 책을 읽는 사람들과 인식 차이가 있을 수 있다. 그것은 드러커 경영 사상의 해석과 적용에 나의 탐색과 연구가 부족한 탓이다.

제목에 부등식을 넣은 것은 우리가 흔히 알고 있거나, 그럴 것이라고 믿고 있던 상식들이 실제로 시장에서 작동할 때는 다르다는 생각과 관찰에서 비롯되었다. 우리가 알고 있던 상식이 언제나 옳은 것은 아니다.

드러커는 고객 만족 없이는 기업이 존재할 수 없기에 기업의 존재는 오로지 고객 창조에 있다고 말할 만큼, 고객 관점에서 경영을 관찰한 사람이다. 타고난 문필가로서의 실력도 있지만, 그 실력을 일찍 알아보고 드러커의 그런 강점을 더욱 키우고자 했던 훌륭한 선생님들이 있었고, 거기에 당시 외교통상부라고 할 만한 부서의 장관이었던 아버지의 실천 교육과 어머니와 할머니의 교육적인 본보기 삶의 태도로 더욱 발전했다. 그가 제시한 많은 경영원칙은 드러커가 실제 직장생활에서 그의 상사들로부터 경험하고 배운 것들, 아버지의 친구들로부터 보고 들은 것들이 많다.

그는 현대 지식노동자라면 글로벌인간이 되어야 한다고 강조했다. 글로벌인간이 되기 위해서 세상을 보는 패러다임 Paradigm이 한쪽에 치우치지 않고, 전체를 바라보고 이해할 수 있는 사회, 역사, 문화, 철학, 예술 등에 걸쳐 인문학적 학습과 예술적 감각도 키울 것을 주문했다. 이런 학습과 훈련을 통해서 교양 敎養을 갖춘 인간이 되며 넓은 안목을 가진 인격자로 훌륭한 리더가 된다고 판단한 것이다.

지식노동자는 그가 가진 지식의 강점으로 언제든지 조직을 떠날 수 있는 '자기 선택권'을 가질 수 있다. 인간은 노예가 아니라 주인으로 자유로운 삶을 추구하는 것이 당연하다. 드러커의 인간 탐구를 바탕으로 한 이런 포괄적인 경영 사상이야말로 우리가 지녀야 할 올바른 이정표라고 믿는다.

이 책을 통해서, 개인은 지식노동자로 노예 상태를 벗어나고, 경영자라면 모든 구성원이 지식노동자로 자기 삶의 주인이 되도록 이끌어 주기를 바라며, 그들이 존경할 수 있는 리더가 되기를 바란다. 그 결과로 오늘보다는 조금 더 살 만한 내일의 사회를 만들 수 있다. 그것은 드러커의 평생 바람이었다. 그 바람을 현실로 만들고 싶다.

P3
경영자 질문 52

여기에 적은 경영자 질문 52개에 스스로 답하여 책의 끝 부분에서 밝힌 해답과 같거나 비슷하다면, 이 책을 더 읽을 필요 없다.

만약, 이 책에서 말하고 있는 내용에 대부분 동의하고 적어도 현재 자신과 자기가 속한 조직 경영을 드러커 사상을 바탕으로 하고 있다면, 그런 경영자는 진정한 21세기 리더이며 인격자라고 말하고 싶다. 덧붙여 해외 문화를 탐구하고 취사선택하여 받아들이는 데 두려움과 어려움이 없다면 그는 열려있는 '글로벌경영자'라고 하겠다.

52개 질문에 대하여 내가 생각하는 답은 이 책의 본문 속에도 나와 있으며, 페이지 314 P7에 내가 생각하는 해답이 있다. 내가 제시하는 답이 유일한 정답이라고 생각하지 않는다. 경영자마다 자신의 경험과 사고에서 우러난 자기 생각이 있을 것이다. 여기의 해답은 드러커 경영 사상을 해석하는 나의 생각이다.

추가 질문이 있다면 개인 이메일로 보내주기 바란다.
choyoungduke@gmail.com

아래 질문에 답해보자. 모두 단답형. 길게는 짧은 문장. 짧게는 단어 몇 개 정도다. 다른 사람에게 묻거나, 책을 들여다보지 않은 상태에서, 아무런 방해도 받지 않는 시간과 장소를 정하고 생각해보기 바란다. 외부로부터 완전히 차단하고 52분만 집중해 보자.

52개 문제를 주제로 1년인 52주 동안 개인 또는 팀 단위로 같이 학습해 보려는 것이 이 책의 구성안이다.

이 책 전체를 통해서 경영을 보는 당신과 나의 관점이 다른 것이 무엇인지, 어떤 인식에서 비롯된 것인지 확인할 수 있다. 알 수 없는 수많은 변수에 대응해야 하는 것이 경영이므로, 경영에 정답이란 없지만, 해답은 구할 수 있다.

경영이란 한밤중에 가로등도 이정표도 없는 시골길에서 운전하는 것과 같다. 이때 필요한 것이 헤드라이트 Headlight와 북극성 北極星이다. 21세기에는 GPS와 전자지도도 있으니 우리가 할 일은 오직 실천의 되풀이, 바로 경영이다.

질문 01
현대 자본주의 사회에서 가장 존경받아야 할 사람은 기업가일 것이다. 그러나 기업가들이 사회적 합의인 법과 경영윤리에 바탕을 둔 사명을 무시하고 돈벌이

만이 목적이라면, 더불어 풍요롭고 함께 어울릴 수 있는 사회보다는 그 사회를 병들게 한다는 것을 알 수 있다. 기업가를 간단히 정의하면 어떤 사람인가.

질문 02

측정할 수 없는 것은 목표가 될 수 없다. 자기경영이든 조직경영이든, 경영의 결과는 무엇으로 측정해야 하는가.

질문 03

기술의 목적은 인간의 자연적 한계 | 동물적 한계 능력을 넘으려는 것이고, 물건에 관한 것이 아니라 일에 관한 것이다.

모든 기업이 새로운 기술개발에 자원을 쏟아붓고 있고, 필요한 기술개발에 시간이 부족하다면 값을 더 주고라도 기술을 산다. 그런데 기술은 그 자체로는 가치를 평가받을 수 없다. 그렇다면 기술의 가치는 무엇으로 평가해야 하는가.

질문 04

세계 모든 기업들이 천재 같은 인재를 확보하겠다고 눈에 불을 켜고 있다. 그런 인재라면 최고경영자보다 더 많은 보수를 주고라도 모셔오겠다고 한다. 심지어 경영자 평가리스트에 인재확보 항목을 넣기도 한다. 하지만 희귀한 나무를 옮겨심었다고 책임이 끝나는 것은 아니다. 그 나무가 새로운 땅에서 뿌리를 내리고 열매를 맺도록 해야 그를 선발한 사람의 책임이 완수되는 것이다. 그리고 무엇보다도, 인재란 본래 다이아몬드처럼 드문 것이다. 인재를 어떻게 활용하는가는 기업의 운명을 좌우할 수 있는 전략적 의사결정이다. 과연 기업의 최고 인적 자원은 어디에 투입해야 하는가.

질문 05

인간생활의 90% 이상은 일상의 소통과정이라고 말할 수 있다. 조직에서 사람들이 대개 알고 있는 소통이란 나이가 많거나, 직위가 높은 사람이 위에서 아래로 충분히 그의 생각을 전달하는 활동이라고 생각한다. 그런데 소통에서 결정권을 가지고 있는 사람은 위에 있거나 아래에 있는 사람이 아니다. 커뮤니케이션 | 의사소통의 결정권은 발신자인 '말하는 사람'이 아니라 수신자인 '듣는 사람'에게 있다. 그렇다면 경영자인 당신이 커뮤니케이션에서 기대하는 핵심은 무엇이어야 하는가.

질문 06

기업의 생존 위험은 경영자에 의해 좌우되는 경우가 크다. 상품의 절대 공급 부족시대를 벗어난 21세기에 경영자의 역량에 따른 위험수위는 더 높아지고 있다. 경영자가 사람이 좋다, 착실하다, 정직하다, 또는 도덕적이라는 것은 지극히 주관적이라 기준이 될 수 없고, 그저 듣기 좋은 미담 소설에 불과하다. 1950년까지만 해도 경영자는 지위와 권한을 가진 사람이었다. 그러나 드러커는 일찍부터 카리스마는 리더십이 아니라 일이라고 했다. 따라서 경영자는 일하면서 두 가지 리더십 요소를 지속해서 보여줄 수 있을 때 그의 리더십이 살아있게 되는데, 경영자가 반드시 지녀야 할 자질 두 가지를 선택한다면 무엇이어야 하는가.

질문 07

지식노동자라면 누구나 조직 내에서 성과를 내야 한다. 경영자는 지식노동자들이 어떤 조건에서 최대 성과를 낼 수 있는지 알아야 한다. 경영자가 조직 내 그런 조건을 허용하지 않는다면, 구성원들은 그냥 서로 좋은 시간을 보낸 것으로 만족할 수밖에 없다. 지식노동자가 최대 성과를 내기 위해 기업이 제공해야 하는 업무 환경 가운데 가장 중요한 조건은 무엇이어야 하는가.

질문 08

기업이란 사회적 합의와 승인을 통해 만들어진 법적 인간, 즉 법인 法人이라고 한다. 기업의 존재 이유는 무엇인가.

질문 09

기업은 혼자서 저절로 이 세상에 등장할 수 없다. 고객이 존재하는 사회가 있고, 그 사회가 받아들이고, 지원하였기에 탄생할 수 있다. 기업이 그가 속한 사회에 공헌할 수 있는 것 가운데 가장 훌륭한 일은 무엇인가.

질문 10

사상 최대의 이익을 냈다면 탁월한 경영자로 칭송 받는다. 증권시장에 등록된 기업이라면 주가도 크게 뛸 것이다. 그런데 경영자라면 경제적 성과인 이익창출보다 더 중요한 것을 언제나 관리해야 한다. 사회적 합의로 탄생한 기업의 지속생존과 성장을 책임져야 하기 때문이다. 그럼 경영자가 기업의 지속생존을 위해서 관리해야 하는 것 가운데 가장 중요한 재무적 요소는 무엇이어야 하는가.

질문 11

오늘의 사업에 안주하는 기업은 내일의 사업을 고객에게 보여줄 수 있는 경쟁자에 의해 사라지기에 사업 다각화는 경영자의 주된 관심사다. 그는 새로운 기회가 무엇인지 탐색하는데 부지런해야 한다. 그러나 탐색 뒤 그 새로운 사업을 결정하기 앞서 해야 할 중요한 질문이 있다. 그것은 무엇이어야 하는가.

질문 12

짧은 기간 동안이지만, 그리고 중간에 포기하거나 실패하더라도 모든 개인, 조직과 기업은 해마다 새로운 계획을 수립한다. 우리는 왜 해마다 경영계획을 수립해야 하는가.

질문 13

모든 기업은 목표가 있고, 바라는 결과가 있다. 그런데 목표와 결과는 모두 같은 방향을 향해야 한다. 그것은 과녁을 향해 활을 쏘는 궁수가 몸과 활의 방향을 과녁 쪽으로 나란히 하는 것과 같다. 그렇다면 기업에서 구성원들에게 처음부터 올바른 방향을 제시하고 결과까지 일치하게 하는 것은 무엇 인가.

질문 14

사람들이 필립 코틀러 Philip Kotler를 '마케팅의 아버지'라고 하자, 필립 코틀러는 자신이 마케팅의 아버지라면 자신을 낳아 준 사람이 있다고 했고, 그는 마케팅의 할아버지며 피터 드러커라고 말했다. 마케팅의 기능은 무엇인가.

질문 15
여전히 많은 기업들이 구성원들을 임시직원이라고 하거나, 피고용자나 계약직 노동자로 여긴다. 뛰어난 경영자라면 회사 구성원들을 이렇게 여기는 것에 동조하지 않을 것이다. 경영자는 구성원들을 왜 지식노동자이자 파트너로 대우해야 하는가.

질문 16
'혁신해야 생존한다'는 말은 개인, 조직, 기업 모두에게 절실한 과제다. 이제 혁신이라는 말을 들어보지 못한 사람은 없다 해도 될 것이다. 그렇다면 혁신은 무엇을 말하는가.

질문 17
2016년 매출액을 기준으로 여전히 세계 1위를 수년째 지키고 있는 기업은 월마트다. 그런 월마트도 그들의 사업이 단순히 물건을 파는 소매점이 아니라 '상품의 이동'이라는 드러커의 컨설팅 덕분에 사업을 보는 눈이 완전히 바뀌었다. 기업의 사업이 무엇이어야 하는지 결정하는 것은 누구인가.

질문 18
경영자가 아무리 애를 써도 조직 내부는 오직 비용만 발생하는 '비용센터'다. 그렇다면 '이익센터'는 어디에 있는가.

질문 19

기업 처지에서는 고객과의 충분한 의사소통이 절실하다. 아무리 열심히 알려도 고객이 우리 상품이나 서비스를 이해하지 못한다고 말하는 직원들이 있다. 심지어 고객이 모른다고 고객을 가르치려는 기업도 흔한데, 그런 기업은 고객을 잃게 된다. 그렇다면 기업은 고객에게 무엇을 제공해야 하는가.

질문 20

기업에서 내부 비용센터에 있는 간접부문은 직접부문의 생산성을 높이기 위한 팀이지, 그들을 관리하는 곳이 되어서는 안 된다. 그런데도 간접부문이 더 강력한 권한을 가지고 경영을 좌우지하는 경우도 많다. 경영자가 비서실이라는 조직을 크게 만들고 그 조직을 통해 일선 경영자들을 지휘하는 지휘통제형 시스템이 여전히 존재한다. 훌륭한 기업일수록 간접부문의 기능을 제한하고, 그 기능을 분명히 해야 한다. 더욱이 간접부문의 생산성은 측정하기도 쉽지 않기에 그들은 자신의 가치를 드러내고 합리화하기 위해 비생산적인 일을 만들고 소설 같은 보고서를 내민다. 간접부문의 생산성을 높이기 위해 경영자가 해야 할 일은 무엇인가.

질문 21

경영자는 날씨가 아닌 기후를 보아야 한다고 했다. 날씨와 기후는 경영 환경을 비유한 표현이다. 날씨가 '일시적 유행'이라면 기후는 무엇이라 말할 수 있는가.

질문 22

누구나 일 잘하는 사람을 칭찬하며 인재로 여긴다. 하지만 일을 잘하는 것보다 더 중요한 것이 있다. 그보다 중요한 것은 무엇인가.

질문 23

정보기술의 발달로 인간이 해야 할 일 또는 인간이 더 잘할 수 있는 일이 점점 사라지고 있다. 그러나 정보기술은 신God과 같은 만능도 아니다. 정보기술을 도입하는 기능과 목적은 오직 한가지다. 그것은 무엇인가.

질문 24

독점이란 시장이 없다는 말이 될 수도 있다. 대부분의 나라가 공정거래법을 두고 있지만, 그 법과 시장의 크기와 관계 없이 여러 경쟁자가 있는 것이 고객에게 이롭다. 경쟁이 치열하다는 것은 그만큼 그 사업의 시장가치가 상대적으로 높다는 말이다. 하지만 기업은 경쟁사를 이기는 것을 목표로 해서는 안 된다. 그럼 기업이 초점을 맞추고 달성해야 하는 것은 무엇인가.

질문25

수익이 계속 떨어지는 데다 불경기로 빠져들면 경영자는 비용절감 명령을 내린다. 이때 가장 먼저 선택하는 방법이 구조조정이라는 명목으로 인원을 줄이는 것이다. 그렇게 하면 비용이 바로 줄어든다고 믿는 것이다. 그건 사실이기도 하지만, 그런 비용절감은 일시적이다. 그것은 구조조정이라기보다 인원조정이라고 말하는 것이 정직하다. 기업이 위기를 넘어 지속 성장하기 위해 정말 필요한 것은 '비용예방'이다. 그런 비용절감을 목적으로 하는 것이 구조조정이라면, 구조조정의 근본적인 조치는 무엇이어야 하는가.

질문 26

세상에서 뜻대로 원하는 고객을 고를 수 있는 기업은 없고, 영원한 100% 독점 기업도 없다. 언제나 경쟁자가 나타난다. 따라서 기업 처지에서는 가능한 한 다양하게 많은 고객이 만족할 수 있는 도구를 확보하고 적극적으로 활용해야 한다. 이것은 무엇으로 가능한가.

질문 27

기업은 상품이나 서비스를 제공하는 기능을 가지고 있다. 기업이 생산해야 하는 것은 눈에 보이는 물건이거나 보이지 않지만 인식할 수 있는 관념이라고 생각하기 쉽다. 멋진 디자인의 대형 기계라 해도 고객에게 쓸모가 없다면 고철 덩어리에 불과하다. 그렇다면 기업이 생산하고 제공해야 하는 것은 무엇이어야 하는가.

질문 28

투자는 긍정적인 의미를 갖지만, 투기는 부정적인 의미로 들린다. 투기를 '자신을 위한 단기적 행동'이라고 말한다면 투자는 무엇이라고 말해야 하는가.

질문 29

정보기술의 발달로 인간의 일은 하나 둘씩 사라지고 있다. 이제 기업에서 정보기술을 적용하는 것은 하나의 필수사항이 되었다. 기업 내부에 정보기술 시스템을 구축할 때 의사결정 대상의 선택 기준은 두 가지로, 결국 더 나은 성과를 만들어내려는 투자다. 기술은 만능이 아니며, 기업은 자신이 가진 자원이 제한되어 있다는 것을 무시할 수 없다. 그렇다면 정보기술로 대체해야 할 그 두 가지 일은 무엇이어야 하는가.

질문 30

'우리의 사업은 무엇인가' 나아가 '우리의 사업은 무엇이어야 하는가'는 기업의 미래를 좌우할 만큼 중요한 질문이다. 우리의 사업이 무엇인가를 알아내기 위해서 먼저 파악해야 할 것은 무엇인가.

질문 31

조직이란 다수의 지식노동자가 힘을 모아 성과를 내는 곳이다. 상대가 스스로 협력하도록 이끌어내는 것이 필요하나, 그것은 권위나 직위가 아니다. 구성원에게 그런 자발적 협력을 끌어내려면 무엇을 해야 하는가.

질문 32

심장 수술 중인 의사는 전화를 받지 않는다는 비유가 있다. 이것은 경영자가 무엇을 어떻게 해야 한다는 것인가.

질문 33

개인이나 기업은 성장하기를 바란다. 그런데 성장은 바란다고 실현되는 것도 아니며, 성장 자체가 가치를 지니고 있는 것도 아니다. 성장 규모는 자기가 몸담은 시장과 기술과의 관계에서 적절해야 하며, 적절하다는 말은 지금 가지고 있는 자원으로 최고 결과를 만들어낸다는 말이다. 먼저 해야 할 일은 어디서 어떻게 성장할지 결정하는 것이 아니다. 그럼 무엇이어야 하는가.

질문 34

경영자들이 꿈꾸는 결과는 큰 기업 즉, 양적 성장이다. 그런데 양적 성장이 아무런 질적 변화를 가져오지 못하는 과체중 비만으로 여겨질 때, 경영자는 조직이 곧 당뇨병이나 암에 걸릴 위험이 있다고 깨달아야 한다. 그런 양적 성장은 폐기 대상이다. 그럼 기업에서 질적 성장이자 긍정적인 변화라고 여길 수 있는 것은 무엇이어야 하는가.

질문 35

19세기 산업혁명 시대에 생산의 3요소는 토지, 노동, 자본이었고, 20세기에는 자본, 기술, 인재로 바뀌었다. 경영은 무엇이라고 말하든 사람에 관한 일이다. 과연 이 세 가지 가운데 인재|인간에 대한 경영의 3요소는 무엇인가. 즉, 기업이 구성원들에게 제공해야 할 세 가지는 무엇인가.

질문 36

미국 자동차 회사 제너럴모터스GM의 전설적인 경영자였던 알프레드 슬론

Alfred P. Sloan은 1920년대에 3개월에 한 번씩 판매점으로 나가서는 영업사원이나 조수 역할을 하면서 보고서를 작성하였다. 그가 고객이 있는 시장으로 나간 것은 매출을 올리기 위한 것이 아니었다. 회사 안에서만 시간을 보내는 경영자는 부하가 제출하는 보고서나 구두보고로 필요한 정보를 모았다고 생각하기 쉽다. 하지만 그런 것은 부하들이 하고 싶은 말, 경영자가 듣고 싶은 말만 하므로 정작 알아야 할 정보는 얻지 못한다. 알프레드 슬론이 판매점에서 한 일은 무엇이었나.

질문 37
서비스란 고객을 돕는 것으로 여기는 일이다. 그런데 정보기술의 발달로 일반적인 판매점에서 고객에게 서비스하는 직원들이 줄어들고 있다. 고객의 무거운 짐을 옮겨주는 직원들이나, 매장을 관리하는 관리자 정도일 것이다.

셀프 주유소가 이제는 세계표준으로 자리 잡았다. 고객이 스스로 상품을 선택하고 결제까지 마치는 과정이 저절로 이루어지는 현상은 더 늘어날 전망이다. 심지어 아마존 Amazon 은 무인판매점을 시험 운영하고 있다. 시간이 부족한 고객은 편하게 쇼핑을 마치고 싶은 반면, 즐거움을 찾는 쇼핑은 줄어들고 있다. 대형마트나 백화점에서조차 판매직원들이 고객에게 서비스하는 일은 사라질 수 있다. 그렇다면 이제 서비스는 무엇이라고 해야 하는가.

질문 38
기업의 창업자이자 회장이 내부 경영자들 가운데 회사를 이끌어갈 후계자를 정하려고 부사장 두 명을 선택한 다음, 기한을 정하여 후계자 수업을 하기로 했다. 물론, 두 명 가운데 한 사람을 선택하는 것이다. 첫 번째 사람은, 지금까지 다녀온 임원 경력대로 특별한 일을 빼고는 회장을 찾아 자문을 구하는 등 회장을 귀찮게 하는 경우가 없었다. 그는 현명한 리더십으로 조직을 운영하여 성과를 내고 있었다. 두 번째 사람은, 굳이 회장에게 자문을 구할 문제가 아닐 때도 면담을 요청하고 상황을 보고하면서 일을 처리하는 모습이었다. 정해진 후보자 비교 기간이 끝나고 후계자를 선택하게 되었는데, 1) 회장은 어떤 사람을 후계자로 골랐을까, 2) 그리고 이 선택은 우리에게 무엇을 말하는 것인가.

질문 39

자동차가 발명되기 전까지 말이 이끄는 마차가 인간이 사용한 가장 빠른 교통수단과 화물운반 수단이었다. 세계 최초의 자동차는 1769년 프랑스의 니콜라 퀴뇨 Nicolas Joseoh Cugnot가 발명한 세 바퀴 증기자동차로 알려져 있다. 1814년 영국의 스티븐슨 George Stephenson이 증기기관차를 발명하고 나서 본격적인 기차 시대가 시작되었고, 기차가 시속 100km까지 속도를 올리면서 질주하는 동안, 자동차업계에서는 신기술이 속속 도입되어 자동차 대중화 시대를 열었다. 물론 지금의 기차는 시속 300km를 돌파하여 달린다. 마차가 자동차의 등장에도 무릅쓰고, 현재의 지위 유지를 위해 더 빠른 말을 구하려 애쓴다고 해서 살아남을 수 있었을까.

콤팩트디스크CD가 등장하고 엘피판LP이 사라진 것처럼, 과거 성공에 집착하는 회사들은 결국 사라진다. 계속 살아남기 위해서 변화에 대응하고 오히려 그 변화를 주도하는 것은 피할 수 없는 과제다.

시장에서 기술, 문화, 정치, 법, 규제, 경쟁사의 전략, 예상치 못한 대형사건 등은 언제나 생길 수 있다. 여기에 대응하여 기업은 살아남아야 한다. 경영자가 기업의 생존을 위해 경영환경의 변수에 대응하여 자원을 집중해서 해야 할 일은 무엇인가.

질문 40
상사는 언제나 구성원들이 마음을 감추지 않고 솔직하게 응해주기를 바란다. 그러나 어떤 구성원도 상사에게 바른말을 하거나, 그의 잘못된 의사결정에 분명하게 이의를 제기할 만큼 용기를 발휘하기 어렵다. 하지만 관리자라면 상사의 이치에 맞지 않고 그릇된 지시와 일 처리에 자기 목소리를 낼 책임이 있다. 우리는 조직, 기업, 국가의 경영 현실에서 최상위 경영자나 권력자가 올바르지 못한 일을 명령해도, 그 자리에 남아 있기 위해서, 자기의 더 많은 이익을 위해서 단호한 거절 대신에 묵인, 순응하거나 심지어 더 적극적으로 충성하는 경우를 많이 보게 된다. 그들은 절대 피해자가 아니다. 훌륭한 상관으로 부하들의 속내, 즉 말하지 않고 있는 것을 듣기 위해 구성원들에게 보장해 주어야 하는 것은 무엇인가.

질문 41
기업은 법인 法人이며 경영자는 하나의 경제적 기관이다. 아무리 훌륭한 경영자라고 칭찬을 받아도 구성원들에게 한 가지를 보여주지 못하면 그는 경영자의 자격이 없는 실패자다. 그것은 무엇인가.

질문 42

기업이 계획수립과 실행을 판단하는 기준은 언제나 외부 시장에서 무슨 일이 일어나고 있는가를 아는 것이다. 진정 고객에게 귀 기울이는 조직을 만들고, 고객이 만족할 수 있는 전략을 세우기 위해 기업 내부에서 그와 관련된 정보를 발견하고 인식할 수 있어야 한다. 이것을 가볍게 보는 기업은 관료화되어 시장 주도력을 점점 잃게 된다. 이것은 기업에 기회를 제공한다. 이것은 무엇을 말하는가.

질문 43

적재적소 適材適所라는 말은 '나의 강점이 무엇인가'라는 질문과 '나는 어디에 속할 때 성과를 낼 수 있는 사람인가'라는 질문의 해답이다. 그러나 그 일에 적합한 사람을 어떤 직무에 배치하는 것이 결정되었다 해도, 배치를 통보받은 사람이 지식노동자라면 한 가지 질문을 자신에게 한 뒤에 그 일을 받아들일 것인지 결정해야 한다. 그것은 무엇인가.

질문 44

기업들이 경영진의 부정부패로 몰락하거나, 실패한 사업 즉, 시체에 방부제 防腐劑를 넣어서 부패를 막겠다며 자원을 낭비하고 변화에 대응하지 못하여 인수되어 사라지는 일들이 드물지 않다. 한때 리더십을 칭송받았던 기업들도 몰락한다. 이렇게 되지 않기 위해 리더는 첫째, 하고 싶은 일이 아니라 해야 할 일을 하는 것이다. 둘째, 리더는 꼭 해야 할 일을 자기가 알고 있다 해도, 구성원들도 같이 알고 있는지 확인하는 것이다. 경영자가 구성원들도 자신과 같이 알고 있다는 것을 확인하려면 무엇을 해야 하는가.

질문 45

전체주의 국가는 모든 사람이 국가가 제정한 규칙에 따르고, 같은 사상과 이념을 가져야 하며, 가치관까지도 같을 것을 요구한다. 전체주의 국가의 전형적인 모습을 보였던 독일의 나치는 '같은 길로 가게 하겠다'는 의지를 세상에 드러냈는데, 21세기에도 이를 추구하는 국가가 존재하고, 똑같다고 볼 수는 없지만, 전체주의 형태를 따르는 국가, 기관, 기업, 조직들은 드물지 않다. 지식노동자가 중심인 기업에서, 뛰어난 경영자라면 조직의 성과를 최고로 만들기 위해 어떤 문화를 수용해야 하는가.

질문 46

한 부서에서 성공적으로 자기 직무를 수행해 왔던 사람들이 새로운 일을 맡았을 때 연속해서 실패하는 경우가 있다. 조직 내에서 가장 유능한 인재를 골라 일을 맡겼지만, 실패에 예외가 없다. 경영자라면 이럴 때 어떻게 해야 하는가.

질문 47

지식노동자들의 재직기간이 늘어남에 따라 중간관리자의 증가 즉, 직위 인플레이션 현상이 늘어나고 있다. 그런데 조직 내 계층 증가는 조직의 경직성과 비례한다. 여러 단계를 거치는 동안 의사결정은 더 느려지고, 정보 자체는 반으로 줄어들며, 소음은 두 배로 늘어난다는 것은 정보 이론의 법칙이다. 이미 이런 지경까지 와버린 조직에서 비효율적인 계층을 제거할 방법은 무엇인가?

질문 48

현대사회에서 지식노동자의 비율이 이미 육체노동자를 추월한 상태다. 협력해야 할 상대에게 스스로 협력하도록 하는 것은 더는 권위가 아니다. 그것은 무엇인가.

질문 49

경영자가 자신이 쓸 수 있는 시간 자원 가운데 10% 이상을 조직 내 불화와 마찰, 업무관할권 다툼, 부서끼리 협력에 관한 문제 등의 인간관계 문제를 다루는 데 사용한다면, 이 경영자가 깨달아야 할 것은 무엇인가.

질문 50

경영활동은 조직 전체가 협력하여 만들어 내는 생산성을 높이기 위한 것이다. 중요한 고객의 요구에 대응하기 위해 전 팀원들이 수개월 동안 밤낮으로 매달려 신제품을 만들어 냈다. 그러나 기업 내부에서 아무리 멋진 제품이라고 감탄하고 샴페인을 터뜨려도, 기업 외부의 고객만이 생산성을 결정할 수 있다. 그렇다면 생산성의 진정한 척도尺度는 무엇인가.

질문 51

조직은 천재에게 의존할 수 없다. 천재란 매우 드문 자원이라 언제나 부족하고, 언제 공급할 수 있을 지 알 수도 없다. 철강왕 앤드류 카네기 Andrew Carnegie 의 묘비명에는 '이곳에, 자신의 목표를 달성하기 위해 자신보다 더 우수한 사람들을 자신의 부하로 선발하여 일을 시키는 방법을 알았던 한 사람이 묻혀 있다'

고 적혀 있다. 카네기는 조직이란 구성원들의 강점을 활용하여 성과를 낸다는 것을 깨달은 사람이다. 그는 그런 사람들을 발굴하는 것이 경영자의 기능이라고 알고 있었다. 그렇다면 조직의 목적은 무엇이어야 하는가.

질문 52
지식노동자를 생산적인 자원으로 바꾸는 일을 무엇이라고 하는가.

P4
지식노동자의 자세

The buck stops here.
모든 책임은 내가 진다.

미국의 33번째 대통령인 해리 트루먼 Harry Truman이 집무실 책상에 두고 날마다 보았다는 것으로 경영자, 지식노동자라면 새겨 보아야 할 말이다.

프랭클린 루스벨트 Franklin Delano Roosevelt는 미국의 32대 대통령으로 1933년부터 1945년까지 맡았다. 네 번이나 당선되어 12년간 집권한 것이다. 루스벨트의 장기 집권 뒤 대통령의 임기는 두 번만 허용하는 것으로 헌법이 개정되었다.

트루먼은 루스벨트 후임으로 1945년 4월 12일 부통령이 된지 80여 일 만에, 루스벨트가 뇌내출혈로 사망하자 대통령직을 승계하게 되었다. 리틀 보이 Little Boy라는 별명을 가진 원자폭탄을 1945년 8월 6일 히로시마에, 8월 9일 나가사키에 각각 투하하도록 승인한 사람이다. 대통령직을 이어받은 뒤 다음 선거에서 당선되어 33대 미국 대통령이 되었다.

P5
드러커의 실천경영 90

아는 것과 하는 것은 때로는 생사 生死를 결정하기도 한다. 기업은 존재하는 동안에는 올바른 경영으로 이 사회의 건강한 구성요소이며, 사회적 기관으로 장수해야 할 책임이 있다. 또한, 그런 기업들의 장수는 사회 전체의 건강한 삶에 크게 기여할 수 있다.

인간에게 일이 없다는 것은 그 자신이 사회적 존재가치가 없다고 느끼게 한다. 비록 보상이 욕구보다 적더라도 일이 있다면 많은 정신적 보상을 받을 수 있고, 일은 오래도록 건강한 삶을 유지할 수 있는 동기가 된다.

드러커가 남긴 것으로, 경영을 더욱 가치 있는 활동으로 만들 수 있는 오직 한 가지 길은, 우리가 지식노동자로 사회를 이롭게 하는 구성원이 되겠다는 다짐과 실천이다. 이것은 자신의 사명과 목표를 확실하게 정하는 것, 자신의 강점을 기반으로 조직과 사회에 공헌할 수 있는 것이 무엇인지 아는 것, 날마다 학습하여 올바른 일을 올바르게 해야 할 일을 하는 것이다.

01
90% 〉100%

90% > 100%

성과를 최대로 내기 위해 조직이 현재 가진 능력을 100% 발휘하겠다는 것은 단기이익에 몸을 던지는 것으로 무모하다. 그것은 지속할 수 없는 경영이다. 해마다 '우리 회사는 위기다'라고 말하면서 구성원들에게 구조조정에 따른 해고라는 공포감을 주는 것은 그들을 움츠러들게 만들고 도전보다는 위험회피의 동기를 주는 것이다. 때로는 그것이 더 큰 위기를 부르는 원인이 되기도 한다. 그 위기는 조직을 협력하는 곳이 아니라 생존투쟁의 장으로 만든다.

숨 쉴 틈 없는 경영은 조직을 금방 지치게 한다. 경영은 장기전이며, 장기이익이란 목표 그 자체가 될 수 없고, 단지 그것을 현실화하는 과정에서 나오는 부산물이다. 10%는 예고 없이 나타날 기회를 위해 가지고 있어야 할 자원이다. 숨이 턱까지 차게 달렸던 선수는 잇달아 다음 경기에 참여할 수 없다.

제조업에서 고객이 주문하면, 그때 생산설비를 구축한다거나 확대하겠다는 말은 자기 발 앞에 공이 떨어졌을 때 그 공을 차고 달려가서 골을 넣겠다는 말이다. 시장에서 기다리는 자는 나만이 아니다. 공이 날아가는 방향, 날아가야 하는 곳으로 달려갈 때 골을 넣게 될 확률이 높다. 그것이 목표설정이다.

고객으로부터 더 많은 주문을 받고 싶다면 더 많은 주문을 90% 이내의 역량으로 소화할 수 있다는 것을 먼저 증명해야 한다. 그것이 전략계획이다. 지금 우리의 100% 가용능력이 50개를 만들 수 있으나, 100개 확정 주문을 주면 주야로 200% 공장을 가동하여 기필코 만들어 공급하겠다고 말하는 것은 거짓말은 아니겠지만, 과학적 근거가 아니라 의지로 문제를 풀겠다는 말이다. 의지는 언제나 뜻대로 되지 않는다. 내부역량이 예상하지 못하는 기회를 감당할 수준에 미치지 않으면 외부 생태계를 활용하여 그 역량을 확보해 놓는 것이 자원 확대 전략이다.

10%의 자원을 남겨두는 것은 위기에서
숨 쉴 수 있는 공간을 미리 확보하려는 것이다.
창의력은 몸과 마음에 부담이 사라졌을 때 더 발휘되는 법이다.

02
가격 기준 비용설정 〉 비용 기준 가격설정

가격 기준 비용설정 〉 비용 기준 가격설정

2016년에도 세계 스마트폰 시장에서 생기는 이익의 90% 이상을 애플이라는 한 기업이 차지했다. 애플은 비용을 계산하고 나서 제품을 만들지 않으며, 이익을 따지고 가격을 정하지도 않는다. 애플은 먼저 고객이 만족할 수 있는 제품 또는 고객이 줄을 서면서까지 사고 싶다는 제품을 만드는 디자인에 총력을 기울인다.

가격은
고객이 인정해주는
가치의 표현이다.

제품을 완성한 뒤에는 고객이 받아들일 수 있는 가격을 산출하고, 그에 맞추어 목표이익을 정한 다음 비용을 낮춘다. 비용에서 가격을 정하는 것이 아니라, 시장과 고객의 수용 가능 가격에서부터 거꾸로 가격을 정하는 것이다. 고객은 제조사나 공급자의 이익에 관심이 없다. 고객은 그들이 지급하는 비용에 대하여 획득할 수 있는 가치에만 관심이 있다. 가치보다 더 높은 돈을 내고 사는 고객은 그의 실수나 무지에서 비롯된다. 그런 고객은 전혀 없다고 할 수 없으나, 자주 되풀이되지 않는다.

미국 가전 산업이 거의 전멸하게 된 것에는 이런 이유가 있다. 과거 미국은 비용분석에서 시작하여 가격을 정했고, 일본은 고객이 기꺼이 지급할 만한 가격을 정하고 비용을 계산하였다. 이렇게 일본이 미국을 추월했듯이 한국의 가전산업체들이 일본을 추월하고, 다시 중국의 가전 산업체들이 한국을 추격하고 있다. 중국 TV 시장의 85%는 2016년 12월 기준으로 중국기업들이 차지했다. 중국이 시장에 팔고 있는 상품들을 보면 그 품질이 상대적으로 떨어진다 하더라도, 쓸만하다고 느끼는 제품들의 가격수준은 도대체 남기고 파는 것인지 의문이 들 만큼 저가전략을 취하고 있다. 얼마 전까지만 해도 중국의 OEM 하청 제조업체에게는 발주자가 쥐고 있던 완제품의 부품 선정이나 부품 교체 권한이 없었다. 그런데 지금은 중국의 하청제조업체가 강력한 의사결정권을 가지고 있다. 시장에서 치열한 가격경쟁에서 이겨야 하고, 이익 극대화에 혈안이 된 기업들이 그 권한을 넘길 수밖에 없는 처지로 떨어진 것이다.

어떤 고객이 기업의 이익을 생각하여 비용을 내겠는가. 그런 고객은 없다. 시장이 받아들일 수 있는 최저한도에 가까운 가격을 설정하는 것은 경쟁사의 진입을 막는 전략도 되면서 시장을 과점하여 훨씬 큰 이익을 얻을 수 있는 방편이다.

애플 제품은 고가제품이다. 그러나 처음 정한 판매 가격을 중간에 바꾸는 경우는 없다. 해마다 신제품을 개발하지만 가격은 언제나 일관성을 가진다. 한 개를 사면 두 개를 주거나, 자사의 다른 제품을 끼워주는 일도 하지 않는다. 그것이 가치를 훼손한다는 것을 알아서다. 애플 고객들은 싸다고 사는 것이 아니라 오직 애플이 가진 브랜드 Brand 신뢰와 제품력에 매료되어 산다.

기업은 고객이 폭리를 모를 때까지만 의도하는 가격을 유지할 수 있다. 정보가 거의 완전히 공개되고 있는 인터넷시대에 고객을 장기적으로 속일 수는 없다. 고객은 더욱 똑똑해질 수밖에 없고, 그렇기에 기업의 폭리는 결국 고객이 알게 된다. 고객의 누적된 불만이 임계점 Critial mass[2] 를 넘어섰을 때 그 요구와 욕구를 발견하고 준비해 온 경쟁자가 등장한다. 폭리에 마음이 상할 대로 상한 고객을 돌리기는 매우 어렵다. 그때는 더 나은 품질과 독점적인 시장 주도력을 유지할 수 있을 때만 가능하다. 애플 경쟁자들이 애플 제품의 가격이 비싸다거나 애플이 폭리를 취한다고 하는 것은 질투에 불과하다. 고객이 인정하는 가치가 구매로 나타나는 것이다. 그것이 유지되는 한 그 가격은 적정한 것이다. 가격 수용권은 오직 고객에게 있다. 고객은 그들이 지급하는 비용에 대하여 얻을 수 있는 가치에만 관심이 있다. 기업은 가치 〉 가격 〉 비

---

2. 원자로가 핵분열 연쇄반응을 유지하기 위해 필요한 최소한의 핵분열성 물질의 질량을 말하는데, 어떤 일의 변환점을 표현할 때 사용한다.

용이라는 생존 부등식[3]의 관계가 유지될 때, 고객도 유지할 수 있고 기업 자신도 지속 생존할 수 있다.

생존 부등식은 윤석철 교수가 처음 제시한 개념이다. 특히 그의 '발가벗은 힘'은 경영자라면 끈기와 합당한 노력이라는 실천으로 성과를 낼 수 있다는 드러커의 생각과 일치하는 독특한 설명이다. 나무가 나뭇잎이 모두 떨어지는 발가벗은 상태에서도 겨울을 넘기고 봄을 맞이하여 다시 새 잎이 돋아나듯이 사람도 물러난 뒤에 남아 있는 힘 즉, 존경받는 것, 실력, 인격 등이 바로 '발가벗은 힘'이라고 말하면서, 인격자로서의 인간미, 자기희생, 사회공헌의 중요성을 강조했다.

윤석철 교수는 물리학을 전공하고 나서 독일을 배워야 한다고 다시 독일어를 공부한 뒤, 미국에서 경영학으로 박사 학위를 마치고 서울대 경영대학 교수로 퇴직한 다음 한양대 석좌교수로 일한 한국의 드러커다. 내가 아는 한 공학, 인문학, 사회과학을 망라한 지식노동자로 한국 최고의 경영학자이며 10년마다 단 한 권의 책을 발표하는 사람이다. 그의 책 가운데 2011년 발표한 '삶의 정도'가 가장 최근 저술이다. 그의 '발가벗은 힘'의 뜻과 '생존 부등식'은 독특한 개념으로 지식노동자이자 경영자라면 꼭 기억해야 할 내용이다.

글을 통해 오늘보다 나은 내일의 세계를 만들자는 자기의 생각을 세상에 알리는 일 말고는 드러커가 정치에 관여한 적이 없는 것처럼, 윤석철 교수도 저술을

---

[3]. 생존부등식은 P5 핵심 가이드에서 자세하게 설명하고 있다.

통해 더 나은 세상을 만들려고 애쓴 사람이며 정치에 기웃거린 적이 없다. 자신의 강점인 배우고, 가르치며, 저술하는 학자이자 지식노동자로 평생 본업에 집중한 사람이다.

03
가난한 자를 부자로 〉 부자의 부를 가난한 자에게

가난한 자를 부자로 〉 부자의 부를 가난한 자에게

빈자와 부자의 수명이 5년에서 20년까지 차이가 난다. 매연으로 둘러싸인 도시는 청정지대로 남기 어렵다. 도시 전체를 공기청정기로 채울 수 없는 일이다. 사회라는 공동체도 마찬가지로, 가난한 사람들이 증가하는 사회에서도 부자들의 부는 여전히 늘어날 수 있겠지만, 그 상태가 영원히 지속될 수 없다. 사회 구성원 다수가 가난과 결핍으로 삶이 더욱 힘들어진다면 역사가 말하듯이 전체주의가 등장할 수 있다.

여기에 경영자가 할 일이 있는데, 바로 가난한 자에게 기회를 주는 일이다. 그러므로 일자리를 만들어, 가난한 자들이 일을 통해서 자긍심과 경제적 지위를 조금이라도 높일 기회를 제공하는 것, 가난한 자를 부자로 만들 수 있는 기회를 경제적 기관인 경영자가 가지고 있다. 부자에게 지나치게 많은 세금을 물리고 그 세금으로 가난한 사람들을 돕는데 쓰는 것은 불만과 탈세라는 부작용과 한계가 있지만, 가난한 자를 부자로 만드는 일에는 한계가 없다. 기업가가 사회에 공헌할 수 있는 최고의 미덕美德이 고용이다.

04

가용시간 > 새로운 업무

가용시간 > 새로운 업무

누구라도 일을 받기 전에 가장 먼저 생각해야 할 것은 자신이 쓸 수 있는 시간, 즉 새로 맡은 일에 투입할 수 있는 자신의 시간 자원이 얼마나 되는지 분석한 뒤, 자신이 해야 할 일이 무엇인지 살피는 것이다. 이 순서가 바뀌면 성과를 내지도 못하면서 일을 맡게 되고, 일방적 의사소통이 당연하게 받아들여지는 조직에서는 할 수 없이 일을 맡았다 할지라도, 시간을 확보하지 못해 일을 제대로 처리하지도 못한다. 이렇게 되면 유능한 사람도 무능한 사람으로 전락한다.

효과적으로 일하는 사람이라면 자신이 정신적, 물리적으로 능히 감당할 수 있는 범위가 무엇인지 알아야 한다. 인간은 자기의 능력을 초과하는 일을 잘하기 어렵다. 그렇기에 자신의 시간 자원 투입을 넘는 일은 거절할 줄 알아야 한다. 그래서 'No'라고 말할 수 있는 용기가 절실히 필요하고, 그런 용기를 발휘하기 위해서 시간 분석의 근거를 마련해야 한다. 그 작업은 3주나 한 달의 시간 사용분석으로 알아낼 수 있다.

05

간결함 | 단순함 〉 복잡함

간결함 | 단순함 〉 복잡함

사람이나 물건이나 설명이 길고 복잡할수록 가치가 떨어진다. 충족할 수 없는 가치를 말로 채워야 하기에 그렇다. 가장 훌륭한 제품은 말이 필요 없고, 간단명료하면서 세련된 것이다. 그 세련됨이 기업문화로 자리 잡으려면 업무 처리에서 언제나 간결하고 단순한 방법은 무엇인지 생각하고 실행하는 노력을 반복해야 한다. 반복하여 습관으로 구축되면 그것이 문화로 자리 잡는다.

애플 직영 매장을 가보면, 전시품이 놓인 테이블에 연결된 전력선조차, 테이블 바닥 가운데 한 곳에서 위로 깔끔하게 연결하고 있다. 고객이 보지 못할 수도, 관심조차 두지 않는 곳일 수도 있지만, 그 매장을 디자인하고 설치한 사람들은 알고 있는 곳이다. 고대 그리스에서 관리가 신전을 건축한 석공에게 밖에서 보이지 않는 부분까지도 작업에 넣고 돈을 달라고 하는 것에 이의를 제기하자, 그 석공은 당신이 보이지 않는다고 하는 뒷부분은 내가 알고 신이 안다고 답했다. 이런 정도의 치밀한 지식노동자나 기업이라면 그 사람이나 제품을 믿을 수 있지 않겠는가. 고객에게 믿으라고 설명하지도 않고, 강요하지도 않지만, 고객이 스스로 믿도록 할 수 있는 것이 가치이며 마케팅이다.

간결함은 언제나 복잡함을 압도한다. 애플의 스마트폰은 인쇄된 사용자 설명서를 주지 않는 것을 전략으로 채택한 업계 최초의 고급 기술 제품이다. 이 때문에 그냥 버려지고 마는 종이설명서를 만들지 않았으니 생산비용 절감은 물론이고, 환경보호에도 이로운 일이 된 것이다. 애플은 이제 일부 플라스틱을 쓰던 제품 포장도 모두 종이로 바꾸었다.

간결함의 본질은 고객 관점에서 출발하지만, 단순히 겉보기에 복잡하지 않다거나 상품구성 내용물이 적다는 것을 넘어 선다. 그것은 기존 관행이라는 관념의 폐기에서 시작된 디자인의 결과다.

오컴 Ockham(1285~1349)은 중세시대 영국의 신학자이자 철학자였다. '오컴의 면도날 Ockham's Razor'은 여러 가지 가설[4] 이 있을 때 가정[5] 의 개수가 가장 적은 것을 택하는 것이 옳고, 논리적이지 않은 것은 사유의 면도날로 다 잘라내 버려야 한다는 뜻이다. 어렵거나 복잡해 보이는 현상이나 원리를 간단하며 알기 쉽게 설명할 수 있어야 한다는 것이 오컴의 면도날이다.

---

4. 어떤 현상이 사실일 것으로 생각하고 연구 또는 실험을 하고 난 뒤에 사실로 밝혀지고 나서야 이론으로 전환되는 것이다.
5. 어떤 현상이 당연한 것으로 받아들여질 수 있는 것을 말한다.

쉬운 것을 어렵게 설명하는 사람과, 어려운 것을 쉽게 설명하는 사람이 있지만, 대개 쉬운 것을 어렵게 설명하는 사람은 그 자신도 그 문제에 대하여 정확히 모르기 때문이다. 그것이 아니라면 도무지 알 수 없는 표현으로 자신이 그 문제에 대하여 정확히 모른다고 말하는 것과 같거나, 사실을 감추려는 의도밖에는 없다고 볼 수 있다.

경영자는 언제나 업무 수행을 위한 가장 단순하고,
작고, 가볍고, 쉬운 도구가 무엇인지
탐색하고 질문해야 한다.

06
강점강화 > 약점개선

강점강화 > 약점개선

약점이 없는 사람은 없다. 우리는 다른 사람의 강점도 보고 약점을 보기도 한다. 그런데 우리는 사람을 볼 때 그의 약점을 지적하기보다 그가 가진 훌륭한 점, 강점에 초점을 맞추는 것이 필요하다. 조직은 구성원들이 가진 강점으로만 성과를 낸다.

사람은
자신이 가진 능력을 넘어서는
성과를 내기 어렵다.

이것은 당연한 말이지만, 우리는 능력을 뛰어 넘는 일을 하라고 강요 받기도 한다. 기대하지 않았던 운 運이라도 등장한다면 그럴 수도 있다. 그러나 그런 예외적인 경우가 아니라면, 그렇게 할 때 무리수를 두게 되고, 쏟아지는 기대와 요구에 부응하기 위해 자신과 다른 사람 모두에게 상처를 입히거나 후회하게 될 일을 저지르고 만다.

약점은 아무리 노력해도 잘 개선되지 않는다. 약점의 본질이 대개 자신이 관심이 없거나, 관심이 적어서 잘 하지 않는 것 또는 하기 싫은 일인 탓이다. 그런 것을 억지로 잘하려고 해보아야 좋은 결과를 얻지 못한다. 그런데 강점은 자신이 좋아하거나 조금이라도 남달리 잘하는 것이라 자꾸 더 하고 싶은 일이다. 식사하는 것조차 잊고 몰입하는 일이 그런 것 인데, 그것은 좋은 성과로 이어질 가능성이 높은 일이다. 성과를 맛보는 일은 재미로 연결될 수 있다.

자신이 가진 자원을 강점 강화에 투입하는 것은
기회를 넓히는 일이고,
약점 개선에 투입하는 것은
기회에 투입해야 할 자원을 낭비하는 것이다.

약점이란 강점발휘에 방해가 되지 않도록 하는 수준에서 관리하거나 폐기해야 하는 대상이다.

미국의 건축용품 최대 유통사인 홈디포 Home Depot는 물류기능을 UPS에 맡기고 있다. 그 결정은 단순하다. 그 기능은 홈디포의 강점이 아니며, 경쟁력의 핵심요소도 아니다. 그건 UPS의 강점이다.

파트너의 강점을 활용하여
자신의 약점을 보완하는 전략적 선택이다.

07

강점을 발휘할 수 있는 사람 > 약점이 없는 사람

강점을 발휘할 수 있는 사람 > 약점이 없는 사람

조직에서 사람을 뽑을 때 그가 가진 약점을 들추어내기보다 그가 가진 강점을 발휘하여 성과를 낼 수 있는가에 초점을 맞추어야 한다. 그가 가진 약점을 몰라서는 안 되겠지만, 그 약점은 강점발휘에 방해가 되는지, 팀이 성과를 내는 데 방해가 될 수 있는지가 관찰과 분석의 기준이다.

어떤 일을 하는 데 땀을 뻘뻘 흘리면서 '아, 간신히 처리했다'라고 한다면 그것은 그의 강점이 될 수 없다. 강점이란 오히려 여유 있게 일을 처리할 때 증명된 것이다.

약한 인간이란 자신이 할 수 있는 것이 아니라,
할 수 없는 것에 신경을 쓰는 사람이고,
자꾸 약점을 감추거나 개선하는 것에 힘쓰는 사람이다.

성과를 내고 싶다면 이런 사람은 뽑지 말아야 한다. 무결점 인간을 찾거나 완벽한 인간을 찾겠다는 의지로 인재를 구하는 것과 그런 사람이라고 판단하고 선발하는 것은 기껏해야 평범한 조직을 만드는 일을 한 것에 불과하다. 자기의 강점을 알아야 하는 이유는, 자기가 잘할 수 없는 일을 욕심으로 맡아서는 안 된다는 것이다. 처음부터 하지 말아야 할 일을 효율적으로 잘하는 것만큼 해로운 것도 없다.

이를 바탕으로 인재를 선발할 때, 그가 하지 않았던 일들, 예를 들어 뇌물을 받은 적 없이 깨끗하다거나, 인사청탁을 받아 자기와 관계된 사람을 도와주었던 적이 없다거나, 조직 내 동료를 비판하거나 욕설한 적이 없다고 하는 것들이 중요한 것이 아니다. 그보다는 그가 한 일이 무엇이며 그 결과 사회를 위해 어떤 공헌을 했는지, 앞으로 우리 조직에서 어떤 공헌을 할 수 있는지 확인하는 것이 중요하다.

우리가 마시고 몸에 이롭다고 말할 수 있는 물은 맑디 맑은 증류수가 아니라, 단지 신선한 샘물이다. 산골짜기 샘에서 흘러내려 강을 이루는 물은 먼지도 섞여 있고 낙엽도 떠다니는 물이지, 몸에 이로운 미네랄 Mineral조차 없는 완전정수 물이 아니다. 조직과 사회에 필요한 인재도 다를 바 없다. 성형수술과 화장으로 위장된 미인이 아니라 약점이 있더라도 강점을 발휘할 수 있는 지식노동자이며 다른 사람들과 더불어 잘 살겠다는 선의를 가진 구성원이다.

08
결과 〉 목표

결과 〉 목표

경영에서 결과가 목표와 같을 수 있다면 좋지만, 그럴 가능성은 드물다. 그래도 목표란 언제나 자기가 바라는 결과에서 생겨날 수 있다. 오늘의 자원은 모두 내일을 위한 것이다. 결과는 18개월에서 2년 정도를 피드백 기간으로 정한다. 결과를 이끄는 목표를 정하기 위해 생각해야 할 것은;

1. 달성하기 쉽지 않으나 가능한 범위 안에 있어야 한다.
짧은 다리에 키가 160cm에 불과한 달리기 선수가 세계 최고의 스프린터 Sprinter가 되겠다는 것은 목표가 될 수 없다. 그렇다고 이런 사람이 기회조차 없는 것은 아니다. 그는 경쟁력 있는 경마선수가 될 가능성이 있다.

2. 의미 있고 탁월해야 한다.
식품회사가 새로운 사업으로 인공조미료를 넣은 이유식을 생산하기로 결정하고, 그것도 세계 최대 공장이 되겠다는 것은 의미도 없지만 탁월하지도 않다.

화학조미료가 몸에 해롭다는 것은 이미 밝혀진 사실이다. 식품회사라면 아기의 건강을 위해서 유전자변형이 아닌 원래유전자 Non-GMO로 재배된 식품 재료와 천연조미료 성분만 사용하겠다고 해야 한다.

3. 측정할 수 있어야 한다.

이론에만 그치고 마는 목표나 결과는 아무것도 이룬 것이 없는 것과 같다. 간접부문에서 자주 나타나는 것으로 '창업정신을 현업에 구현한다' 같은 목표나 결과는 측정할 방법이 뚜렷하지 않다. 이런 것은 목표나 결과로 정할 수 없다. 경영의 결과는 처음 목표와 비교하여 고객들과 구성원들의 삶이 어떻게 얼마나 긍정적인 방향으로 변했는지 확인할 수 있어야 한다.

09
경영의 투명성 > 경영의 폐쇄성

경영의 투명성 > 경영의 폐쇄성

책임과 신뢰를
리더십의 두 기둥으로 여기는 경영자는
감추려는 것이 없다.

보고나 제안을 실명제로 공개하는 것 한가지만으로도 성과평가의 공정성을 높일 수 있다. 모든 보고서와 제안서는 같이 만든 사람들이 기안자로부터 순서대로 이름을 공개하여 시스템에 등록한다. 상위 평가자는 채택 여부와 실행 뒤 달성한 성과를 그대로 참여자에게 돌아가도록 할 수 있다. 시작부터 공개된 것이라, 의도적인 불공정 평가를 할 수 없다. 이것은 관리자 한 사람이 은밀하게 자기 이익과 감정대로 판단하여 공헌평가와 인사권의 독점 폐해를 막을 수 있다.

조직이 바르게 성장하기 위해서는 조직 내 정치문화를 없애야 하는데, 정치문화가 사라지게 하는 방법 가운데 효과적인 1순위는 인사평가의 투명성, 2순위는 보상의 투명성이다. 경영자가 조직 내 경영의 투명성을 지키지 못하면 조직 전체에 줄서기가 시작되고 상상의 스토리가 난무하며 책임과 신뢰를 파괴하는 원인이 된다. 협력해야 할 사람들이 상호신뢰를 바탕으로 일할 수 없는 조직에서 놀랄 만한 성과를 기대할 수 없다.

투명한 문화를 두려워하는 경영자나 관리자는 조직에 해를 입힌다. 감추고 싶은 것, 감출 것이 많은 자는 부패할 수 있으며, 자기보다 탁월한 능력을 가진 구성원을 두려워한다. 사람들은 그런 사람을 신중하다거나 겸손하다고 오인하는 경우도 많지만, 이런 사람이 관리자나 경영자가 되었을 때 그 조직은 엉망으로 되기 쉽다.

투명한 경영은 기업의 과거, 현재, 미래를 구성원 전부와 감추지 않고 공유하는 것이다. 이것으로 일반직원과 경영진 사이의 인식차이를 없애고 목표를 달성하겠다는 동기를 높일 수 있다. 구성원은 자신이 이 조직에 공헌하는 것이 무엇이고, 그것이 가치로 얼마인지 알 수 있을 때 책임감이 높아진다. 이런 경영의 투명성과 공유가 없다면 회사가 적자赤字를 내도 구성원들은 남의 일로 느끼기 쉽다.

책임과 권한이 한 묶음이라는 뜻은
권한이 없는 일에는 책임질 필요도 없다는 것이다.

경영의 투명성은 경영자에게만 한정된 것이 아니다. 구성원끼리 인간관계가 좋은 조직은 성과를 내는 데 도움이 된다. 좋은 인간관계란 상대의 감정을 걱정하는 것이 아니다. 협력해서 성과를 내야 할 구성원들이 서로 감정을 감추거나 속이며, 해야 할 말, 주고 받아야 할 정보를 교환하지 못한다면 절대 생산적인 인간관계로 지속할 수 없다. 조직은 좋은 인간관계 달성이 사명도 목표도 아니다.

구성원이 너무 많은 조직은 성과 대신에 필요 없는 일을 만든다. 커뮤니케이션은 구성원 숫자에 따라 반비례할 만큼 어려워지는 것이 조직이다. 좁은 공간에서 다른 사람의 발을 밟는 것은 공간이 너무 좁아서지 부주의한 탓이 아니다. 클리어 리더십 Clear Leadership[6] 이 이루어지지 않는 조직에서는 배가 산으로 가게 된다. 주말 저녁 회식을 좋아하는 직원들이 얼마나 되겠는가. 그가 중년이 아니라 직장 초년생인데다 그나마 결혼 상대가 직장인이라 주말에만 데이트할 수 있는 처지라면, 일주일에 닷새나 사무실에서 같이 보내는 회사동료들과 금요일 저녁시간까지 팀 회식으로 시간을 보내고 싶지는 않을 것이다.

---

6. 현재 캐나다 밴쿠버 사이먼 프레이저Simon Fraser 대학의 교수인 저비스 부시Gervase Bushe 교수가 창안한 조직 커뮤니케이션 기술이다. 인간관계에서 진정 협력해야 할 상대가 서로 욕구와 감정을 숨기는 것이 아니라, 투명하게 인식하고 공유하는 것으로, 명료한 대인관계를 유지하는 것이 더욱 생산적인 관계로 만든다.

과, 부, 또는 팀으로 구성된 단위 조직 활동에서 그 구성원들이 서로를 잘 아는 것, 친밀감 등이 필요 없다고 할 수는 없다. 그래도 가장 중요한 것은 같이 일하는 사람의 업무가 무엇인지, 함께 성과를 내야 할 과업이 무엇인지, 그의 욕구가 무엇인지 명확히 이해해야 진정한 협력을 발휘할 수 있다. 프로페셔널 Professional 조직에서는 너무 친밀한 것이 오히려 적극적 조직 활동에 걸림돌이 될 수 있다. 지나친 친밀은 상대를 감정적으로 보호하겠다는 책임이 생겨 기능에 초점을 맞추는 조직 활동이 원활하지 않게 된다.

비밀이란 무언가 놀라운 것, 신비로운 것, 감추어 할 것으로 생각하지만, 알고 나면 별 거 아니다. 조직 경영도 같은 맥락이다.

경영자의 정보 은폐와
조직 내 소수 경영진끼리의 은밀한 문화는
어떤 경우에도 조직에 해롭다.

10
경영자의 자질 > 구성원의 자질

경영자의 자질 > 구성원의 자질

조직 구성원들이 탁월해도 조직의 성과를 결정하는 것은 경영자의 자질이다. 경영자가 올바른 습관, 행동, 태도를 가볍게 여기고 탈법과 불법을 저지르고도 '회사가 생존하려면 누구나 그렇게 하는 법이야'라고 말하면서 그런 행동을 살아남기 위한 요령이나 수단으로 생각한다면, 그 기업은 할 필요 없는 일, 해서는 안 될 일, 안 해도 되는 일에 희소한 인적 자원을 낭비하는 것이다. 그래도 그 기업이 생존할 수는 있겠지만, 반드시 죽을 수밖에 없는 모든 생명체와 마찬가지로 그 생존 기간은 올바른 경영을 했을 때보다는 훨씬 짧다. 그것은 건강을 관리하지 않고 몸을 함부로 다루는 사람이 오래 살기란 매우 어려운 일이다.

그릇된 명령을 그대로 따르는 직원들은 자기가 얻을 이익만을 따지지만, 그 결과를 감수할 각오도 해야 한다. 현명한 사람이라면 그런 명령을 받아들이지 않을 것이다. 정상적인 생각을 가진 지식노동자라면 옳지 않은 경영이 문화가 된 기업에서 자기의 이익을 위해 부당한 요구를 따를 것이 아니라, 서둘러 짐을 챙

겨 나오는 것이 훌륭한 선택이다.

시켜서 한다는 것은 거짓말이다. 목에 칼을 들이대면서 강요하는 상황이라면 목숨이 우선이니 시키는 대로 할 수도 있다. 그러나 조직에서 지식노동자는 자기선택의 결정권을 가지고 있다. 시켜서 하는 것이 아니라, 자기 이익이 더 커질 것을 기대하고 응하는 것이다. 그런 사람들은 부끄러움도 모르고, 그런 악행을 누군가는 하게 될 일이라고 합리화한다. 그들의 악행으로 인해 빚어지는 사회의 타락과 많은 사회적 약자들의 고통은 보상받을 길이 없다. 사회가 그런 기업들을 파산시켜야 하지만, 많은 사회구성원 또는 권력자들이 나쁜 짓을 하는 데 부끄러움, 죄책감, 그리고 주저함이 없는 철면피 사회라면 긍정적인 변화는 쉽게 오지 않는다.

기회의 평등이란 사회나 조직 전체 수준을 높일 수 있으나, 결과의 평등은 그 반대로 수준이 떨어지게 한다. 그러나 적어도 공정하지 못한 게임의 결과에 따른 불평등에 대해서는 사회제도에서 보상할 수 있도록 해야 한다. 이것은 기회의 평등시스템이 제대로 작동하지 못하는 것의 보완책이다. 이것조차 없으면 사회 전체가 경쟁환경으로 몰리게 되고, 생존만이 유일한 삶의 목표가 된다. 삶의 의미를 잃어버린 사회는 사회라고 부를 수 없는 단지 사람들의 집단에 불과하다.

경영자의 본업은
어제의 위기를 해결하는 것이 아니라,
남다른 내일을 만드는 것이다.

경영이 조직의 인적자원을 생산적으로 만드는 데 성공할 때만 원하는 외부의 목표와 결과를 얻을 수 있다. 경영자는 오늘 성과를 내야 하지만 내일은 더 큰 성과를 내야 한다. 현재 성과를 내지 못하면 미래라는 기회는 만져볼 수도 없다. 그런 현재와 미래를 통합할 수 있는 방법은 생산적인 행동이 유일하다.

경영자의 일은 실행이다. 사색만 하는 철학자가 되어서도 안 된다. 배운 것을 실행할 수 없다면 배운 것은 정보일 뿐, 지식으로 전환되지 않는다. 금요일 최고경영자과정에서 배운 것을 그 다음 월요일에 실행할 수 없다면 그저 비싼 경영자과정에 수업료만 내고 왔을 뿐이다.

알아야 할 한 가지는 경영자의 자질을 판단할 수 있는 기준은 소문이나 경영자 자신이 아니라는 것이다. 그와 가장 가까이서 같이 일하는 사람들도 아니다.

> 경영자에 대한 진실은
> 물리적, 경제적으로
> 그와 이해 관계가 가장 먼 곳에서 먼저 확인해 보아야 한다.

협력회사들과 조직 내부 가장 낮은 직위의 구성원들로부터 존경을 받고 있는 사람이라면 그는 훌륭한 자질을 가진 경영자라고 할 수 있다.

개인도 다를 바 없다. 그를 객관적인 눈으로 볼 수 있는 사람은 가족이나 절친이 아니다. 가까운 사람일수록 상대에 대한 인식은 훌륭하다거나 아니면 형편없는 사람으로 양극단 兩極端의 평가를 할 가능성이 높다. 대부분 가족 또는 득이 되는 이해관계로 엮여 있는 사람들의 팔은 안으로 굽는 법이고, 감정이 상할 대로 상하고 원수 지경에 이른 가족 또는 손실을 본 이해관계라면 악평만 듣게 된다. 수백 명의 생명을 앗아간 사건이라도 자신이 직접 연관된 것이 아니면 너그럽게 생각하거나, 심지어 책임자들을 감싸는 행동을 보이며 공감의 인간성 人間性을 상실한 사람들도 있는 법이다.

11
경제원칙 > 회계원칙

경제원칙 > 회계원칙

회계보고서에 수익이 꾸준히 발생하는 것을 보고 기업의 경영상태를 알 수 있을까.

경영자가 회계보고서에 의존하는 것은 위험하다.
성장이란 양적 증대가 아니라,
새로운 것의 산출이다.

여러 가지 원가상승 요인으로 판매가격을 올려야 하지만, 대리점에 올리겠다고 말만 하고 한동안 원래 가격으로 둔다고 알리는 순간, 대리점의 사재기가 시작된다. 이것을 회계원칙에 따라 수요증가로 생각하고 원자재 수급이나 생산설비 증대를 결정한다면 건전한 기업도 파산할 수 있다.

회계상의 매출은 매출이라기보다는 '상품의 위치이동'이다. 실제 매출은 판매대금이 회사 계좌로 입금되었을 때다. 가격에 변화를 주었을 때 실제 시장에서 어떤 반향이 일어나고 있는지, 실제 성과는 무엇인지 파악하는 것이 경제원칙에 따른 행동이다.

12
계획의 유연성 〉 계획의 경직성

계획의 유연성 > 계획의 경직성

계획 | 전략계획을 만들어야 하는 것은 미래를 알 수 없어서고, 오늘의 자원을 내일의 성과로 전환하기 위한 의사결정이다. 따라서 계획 수립은 미래의 의사결정과는 아무런 관계도 없다. 의사결정을 내릴 기회는 오늘뿐이다. 경영활동은 수시로 변하는 환경에 대응하는 일이다.

전략계획 자체가 목적인 것으로 혼동해서도 안 되며, 계획은 경영환경에 따라 실시간으로 변경할 수 있어야 한다.

한번 수립된 계획을 마치
돌판에 새긴 십계명十誡命으로 여겨서는 안 된다.

자신은 마음을 바꾸는 사람이 아니라고 하면서 초기 계획을 고집하는 것은 과거에 사로잡혀 있는 것이다. 바꾸지 말아야 할 것은 초기 계획 수립에 반영된 사명과 목표의 방향성이다. 그리고 계획을 세울 때 플랜B라는 대안을 마련해두는 것과 정기적 피드백 과정으로 계획과 결과를 점검하는 것이 필요하다.

완벽한 비행계획을 짜고 이륙했다 하더라도 항공기가 이륙 뒤 착륙하기까지 정해진 항로를 벗어나지 않고 마칠 수는 없다. 조종사는 비행하는 동안 예상할 수 없는 하늘의 상황에 따라 수시로 비행을 조정하여 최초 목적지에 무사히 도착하는 것으로 비행을 마친다.

계획을 세울 때는 우리의 강점을 바탕으로 어떤 기회가 올바른 선택인가 하는 것과 어떤 기회가 우리에게 맞지 않는 것인지 판단할 수 있어야 한다.

무언가 만들 때 계획대로 되지 않는다면,
지금 자신이 쓰고 있는 도구가 필요한 기능을 가지고 있는 것인지,
제대로 된 도구를 선택한 것인가부터 확인해야 한다.

13
고객 > 상사

고객 > 상사

기업의 최고 상사는 고객이라는 것을 절실하게 느끼고 있는가. 기업을 좌지우지할 수 있는 최대 주주라 하더라도 그의 상사는 고객이라고 말할 수 있는 조직인가. 회사가 인정하든 말든, 이제 고객이야말로 회사의 진정한 보스 Boss다.

고객의 불만이나 불평 가운데는 그 고객이 제품을 잘 몰라 그러는 경우가 많다. 그래도 그것은 모두 공급자의 책임이다. 그런 고객을 특이하고 까다로운 사람으로 다루거나 불평해서는 안 된다. 고객은 언제나 고마운 대상이다. 설령 그 고객이 기여하는 매출이익이 무시할 수 있는 수준이라 할지라도 한 기업의 고객으로 있다는 것 자체가 그 기업을 돕는 것이다.

고객이 없는 기업이란 존재할 수 없다.

그렇다면 고객이 몰라서 그렇다는 것이 왜 기업의 책임인가. 그것은 기업들이 온라인이나 오프라인이나 고객들이 알아야 하는 정보에 쉽게 접근하고 알 수 있게 설계하지 못한 책임이 기업에게 있는 탓이다. 고객에게 필요한 것은 정보의 양이 아니라 정보의 질이며, 정보가 있어야 할 곳에 기업은 고객에게 그 기업 고유 방식으로 커뮤니케이션하려고 하겠지만, 고객은 자기 방식으로 한다. 고객은 수신자다.

모든 조직은 내부가 아닌 외부 사회에 공헌하기 위해 존재한다. 이 말은 내부 구성원들을 무시하라는 게 아니라, 고객이 없는 조직이나 기업은 존재할 수 없다는 원칙을 명심하고 일해야 한다는 것이다. 자기 이익을 구하기 위해서라도 외부 즉, 타인이나 고객을 위해 분명하게 공헌할 수 있어야만 한다. 병원은 의사나 간호사가 아닌 환자를 위해 존재하며, 학교는 교수나 선생이 아닌 학생을 위해 존재하고, 공무원은 대통령이나 장관이 아닌 국민을 위해 존재한다. 이런 존재 이유를 망각하고 이와는 반대로 내부자와 상사의 이익을 위해 일하는 조직은 그 대가를 치르게 되는 것은 물론이고, 아주 고약한 냄새를 풍기면서 스스로 부패하여 사라지게 될 것이다.

고객을 상사로, 고객이 진정 가치 있게 생각하는 것을
제공할 수 있을 때만 조직이든 기업이든 살아남는다.

14

고객 만족 > 경쟁 우위

고객 만족 > 경쟁 우위

경제적 성과는 기업이 사회에서 수행해야 할 최우선 과제다. 경제적 성과, 즉 필요한 최소 이익을 만들어 내지 못하면 살아남을 수 있는 기업은 없다. 기업이 지속 생존할 수 있는 길은 고객이 기꺼이 내겠다는 가격에 제품이나 서비스를 제공하는 것이다.

전략의 초점은
경쟁자를 상대로 하기보다는
고객을 상대로 하는 활동에 두어야 한다.

경쟁자를 이기려는 전략은 초점이 틀린 것이고, 한쪽 눈을 가리고 다른 쪽 눈으로만 보는 시력검사와 같다. 혁신의 결과와 그 가치란 오직 고객이 느껴야 하고, 고객이 결정하는 것이다. 고객은 어떤 기업이 경쟁사를 이겼다는 소식에 관심이 없다. 그것은 쓸 거리가 필요한 기자들에게나 도움되는 기사거리일 뿐이다.

경쟁사를 이기겠다는 목표는 문제를 해결하겠다는 것과 다름없다. 문제란 해결해 보아야 해결로 그치고, 새로운 가치를 제시할 수 있는 것이 아니다. 두통을 해결하려고 아스피린을 먹었다 하여 어떤 기회를 얻었다고 할 수 있는가. 기회를 얻은 것은 없다. 그저 일시적으로 두통만 사라지게 했을 뿐이다. 문제는 우리가 가는 길에서 만날 수 있는 걸림돌이자 벽이며 산이다.

문제가 등장했다고 해도
그 문제를 넘어서 그것이 주는 기회가 무엇인지
생각해 보아야 한다.

고객은 자신들이 얻을 수 있는 가치인 낮은 가격과 좋은 품질에만 관심이 있다. 가격이 얼마가 되었든 개의치 않고 사는 구매력이 막강한 고객을 대상으로 일반적인 전략을 적용할 수 없다. 그런 고객들은 그에 맞는 특별한 전략을 세워서 기회를 현실로 만들어야 한다.

전략을 수립하는 방향은
언제나 고객 만족을 위한 일인가
질문해야 한다.

살아남는 기업은 경쟁에서 이기는 것이 아니라 오로지 고객만족을 위해 자원을 집중할 수 있는 회사다.

15
고객 만족 〉 이익 창출

고객 만족 〉 이익 창출

많은 경영자가 이익창출이 기업의 목표이자 사명이라고 주장한다. 이익을 내지 못하면 생존할 수 없다는 논리를 펴는데, 실제로는 그렇지 않다. 기업의 목표는 절대 이익창출이 아니며, 이익창출이 되어서도 안 된다. 이 말에 강력하게 이의를 제기하는 사람들이 많겠지만 그렇다고 사실이 바뀌는 것은 아니다.

경영자가 이익이 중요하다고 구성원들에게 말하면 말할수록 고객은 그들에게 이익 창출의 대상으로 여겨질 뿐이지, 구성원들을 만족시켜야 할 대상으로 여기지 못한다. 바로 여기서 고객의 인식과 기업의 인식 격차가 발생하는 것이다.

고객의 구매행위란 기업이 제공하는 상품과 서비스에 만족하여
스스로 고마움을 표시할 때 일어나는 것이다.

그 회사의 주주로 주식을 가지고 있는 사람이 아닌 구성원들에게 회사의 주인의식을 가지라고 말하는 것은 헛소리다. 그 주인의식은 자기가 속한 기업에 대한 것이 아니라 자신에 대한 것이어야 한다. 현장에 있는 직원이 주인의식을 발휘한다고, 고객의 만족도보다는 기업의 이익 창출을 위해 열심히 한다면 제품과 서비스의 품질은 떨어질 수밖에 없다. 그런 것을 알아차리지 못할 고객도 없기에 이익 창출이 고객 만족보다 우선이라고 믿는 기업은 고객을 잃게 된다.

실리콘밸리에 있는 어느 스타벅스 커피점에서 일반 커피를 주문했는데, 직원이 커피를 내 주면서 '지금 준비된 양이 부족하여 컵에 충분히 채워주지 못해서, 돈을 받지 않겠다.'고 해서 그냥 마신 경험이 있다. 분명히 내가 보기에는 컵의 90%까지 채워졌음에도 불구하고 고객의 마음에서 생각하는 것이다. 사소한 일이지만, 이것은 고객이 스스로 이곳을 다시 찾게 만드는 일이다.

고객을 돈벌이 대상으로 보는 것보다 만족하거나 감동하는 대상, 더 나가서 고객의 행복을 위해 우리가 존재한다는 생각이야말로 고객과 기업 사이의 물리적, 정신적 거리를 좁힐 수 있다. 이타적인 마음에는 고객이 스스로 마음을 열지만, 이기적인 마음은 고객이 더 마음을 닫게 한다.

16
고객서비스가 없는 것 > 고객서비스를 잘하는 것

고객서비스가 없는 것 > 고객서비스를 잘하는 것

사람에게 가장 힘든 것은 사람을 대하는 일이다. 고객을 돕는다고 온라인이나 오프라인 매장에서 고객 접점을 확대하는 것은 오히려 고객을 불편하게 한다.

완벽한 고객서비스는 고객이 매장직원들과 접촉하지 않아도 만족스럽게 쇼핑을 마치는 시스템이다. 고객은 판매직원들의 제품 설명을 듣기보다는 빠르고 편리한 쇼핑을 더 중요하게 생각한다.

완벽함의 기능은
서비스를 필요 없게 만드는 것이다.

고객서비스가 필요 없을 정도로 쉽고 이해하기 쉬운 방식으로 정보를 충분히 제공하는 환경을 만들어 놓는 것이 고객에게 더 이롭다. 대표적인 것으로 고성능 반도체와 소프트웨어로 만든 컴퓨터 성능을 가진 스마트폰을 사용자 매뉴얼 없이도 고객들이 만족하는 경우다.

17

고객 변심을 반기는 것 > 고객 변심이 두려운 것

고객 변심을 반기는 것 > 고객 변심이 두려운 것

미국 최고의 식품체인점인 트레이더 조 Trader Jo는 매장 내부에 감시카메라조차 없다. 고객이 구매 뒤 불만족이나 변심으로 먹다가 반품하는 식품이라도 무조건 반품을 받아준다. 대부분 이유도 영수증도 요구하지 않는다. 그것은 고객의 권리이며 철저하게 직원과 고객을 신뢰한다는 경영원칙에서 비롯된 것이다. 고객이 심리적 부담을 느끼지 않도록 하는 배려다. 이때야말로 고객이 친구가 될 수 있는 진실의 순간이다.

고객이 정말 필요한 것과 갖고 싶은 것을 사는 조건을 만들어 주는 기업이 훌륭한 기업이고, 진정 고객을 위해 존재하는 기업이다. 영수증이 찍혀서 발행되는 순간 취소가 불가능하고 적립금으로 다음에 다른 상품을 살 수 있는 기회만 제공하는 기업은 질이 낮은 기업이라고 단호하게 말하고 싶다. 우리가 추구하는 가장 이상적인 사회는 이런 기업들이 발붙이지 못하게 하는 사회 성숙도이다. 10여 년간 몽블랑 Montblanc의 애호가였던 나는 몽블랑에서 이런 경험을 한 뒤에 불매고객이 되었다. 고객이 돈이 아까워서 그런다고 생각하면 오산이다. 권리를 빼앗겼다고 생각하는 순간 고객의 마음은 떠난다. 고객을 떠나게 하는 것은 순간이지만 떠나버린 고객을 돌려세우기는 매우 어렵다. 그 반대로 트레이더 조 같은 기업과는 더 크게 계속 성장하기를 바라는 평생고객이 되었음은 물론이다.

18
고객이 다시 오는 것 > 고객에게 상품을 파는 것

고객이 다시 오는 것 > 고객에게 상품을 파는 것

판매점에서 자주 일어나는 일이다. 어떤 판매원은 찾아온 고객에게 물건을 팔고 말겠다는 의욕을 앞세워 판매에 성공할 수도 있다. 고객은 두 부류가 있다. 스스로 찾아온 고객과 유인하여 찾아온 고객이다. 제 발로 찾아온 고객은 평생 고객으로 유지될 가능성이 높지만, 유인하여 찾아온 고객은 지속적인 유인책이 있을 때만 존재하는 고객이다. 기업의 존재는 고객 창조이기에 기업 처지에서는 평생고객의 수가 기업의 존재여부를 결정할 수도 있다.

스스로 찾아온 고객도 두 가지로 나뉜다. 둘러보고 살만하면 사겠다는 고객과 꼭 필요해서 사게 되는 고객이다. 앞사람은 시간이 충분하고, 뒷사람은 시간이 없는 고객이다. 판매원은 이 두 부류 고객을 모두 평생고객으로 만들 수 있다. 그런데, 더욱 잘해야 하는 고객은 시간이 없고, 꼭 사야 하는 고객이다. 이런 고객은 비고객 또는 불매 고객이 될 수 있기에 기업 입장에서는 물건 한 개를 파는 것보다 이 고객을 놓치는 것이 더 해롭다.

고객 스스로 '고맙다는 마음'이 생기면
고객 만족이 이루어진 것이다

사람들은 식당에서 음식을 먹고 음식값을 지불한다. 미국에서는 평균 15%~20%의 팁을 음식가격보다 더 주어야 한다. 고객이 돈을 내고 '참 잘 먹었다'는 마음을 들게 했다면 그 식당은 번성할 것이다. 아무리 고급 식당이라도 먹고 나서 고객이 '맛있고 훌륭한 음식이었다'는 마음이 생기지 않았다면 그 식당은 결국 문을 닫아야 할 것이다.

마찬가지로 직장인들은 회사에 공헌하는 대가로 월급을 받는다. 그런데 회사가 그 직원에 대하여 고맙다는 생각이 들지 않는다면 그 직원은 머지 않아 해고 대상이 될 것이다. 그 반대도 마찬가지다. 직원은 회사에서 준 월급을 받을 때 고맙다는 마음이 든다면 계속 일하겠다는 동기도 유지된다. 그러나 그런 마음이 들지 않았다면 그 직원은 다른 직장을 알아보게 된다.

부부 사이에도 이 고마움의 원리는 적용된다. 남편이 아내의 헌신에 고맙다는 마음이 들지 않거나, 아내가 남편의 헌신에 고맙다는 마음이 들지 않는 상황이 계속되면 그 부부는 별거나 이혼의 길로 가게 된다. 그 시기가 정해진 것은 아니라도 갈라서겠다는 마음은 차곡차곡 쌓이게 된다. 인간 생활에서 모든 상대적 관계는 이처럼 서로 고맙다는 마음이 우러나고 유지될 때 바른 관계를 지속할 수 있다.

19
고객이 되는 것 〉 고객을 관찰하는 것

고객이 되는 것 ❭ 고객을 관찰하는 것

기업이 공급자로 머무르는 한, 고객을 관찰하는 것만으로 고객을 알 수 없다. 그것은 구경꾼이다. 경영자는 직원들의 보고서만으로 시장과 고객을 판단해서는 안 된다. 고객들을 만나서 그들의 말을 듣는 것으로도 부족하다. 연출된 상태나, 이미 상대가 실제 고객이 아님을 인식한 상황에서 경험해보아야 그의 귀중한 시간 자원을 낭비할 뿐이다.

고객을 알 수 있는 방법은
자신이 실제 고객이 되는 것이다.

이것은 온도계가 표시하는 온도와 체감 온도가 다른 것과 같다. 경영자는 정기적으로 자신과 구성원들에게 아래 네 가지를 물어야 한다.

1. 당신의 고객은 누구인가
2. 고객은 무엇을 가치 있는 것으로 생각하는가
3. 고객과의 관계에서 당신이 얻은 결과는 무엇인가
4. 당신의 대 고객전략은 당신의 기업전략과 일치하는가

20

고객이 불편하다고 느끼는 것 > 고객이 원하는 것

고객이 불편하다고 느끼는 것 > 고객이 원하는 것

이 둘은 같으면서도 다르다. 기업 처지에서는 고객이 원하는 것을 사업품목으로 정하기보다 고객이 현재 불편하다고 느끼는 것을 해결해 줄 수 있는 사업이 안전하고 가치가 높다. 고객의 욕구는 언제나 바뀔 수 있다.

고객은 자기가 무엇을 원하는지 모르는 경우도 많다. 기술지식이 적은 고객들은 신기술에 대한 정보가 부족하다. 날이 갈수록 기술을 바탕으로 하는 혁신이 많아지고 있다. 기업이 살아남기 위해서는 고객의 현재 욕구에 대응하는 공급자인지, 고객이 몰랐거나 무시했던 욕구를 충족시켜 줄 수 있는 공급자인지 방향을 정해야 한다.

고객 뒤를 밟으면서 고객이 요구하면 언제든지 대응할 수 있다고 하면 그 기업은 서비스 제공자의 입장, 흔히 말하는 을의 처지에 머물 수밖에 없다. 그 고객이 대기업이라면 언제나 질질 끌려 다니면서 노예신세를 면치 못한다. 을에 대한 갑의 감정과 상황에 따라 을의 운명이 크게 영향을 받는다. 고객 옆에 나란히 서거나 고객보다 한 걸음 앞서갈 수 있다면 고객이 도움을 청하게 되고 수평 관계가 마련된다. 이렇게 하려면 나만의 기술과 제품을 가져야 한다. '우리도 있어요.'라는 제품으로는 고객의 지나친 가격 인하 요구를 거절하기 어렵다. 고객이 없다면 준비할 필요 없다고 생각하는 사람은, 당연히 고객을 확보할 수 없다.

고객은 준비된 사람 또는 회사에 기회를 줄 수 있지,
준비하겠다는 사람 또는 회사에 기회를 주기 어렵다.

그래도 기회를 잡았다면, 그건 고객의 상황이 절실한 경우거나, 그 공급자가 가지고 있는 다른 능력, 열정, 가치가 탁월하여 고객을 감동시킨 것이다. 고객을 이끌기 위해서는 아래 다섯 가지를 생각해야 한다.

1. 우리의 고객은 누구인가
2. 그는 어디에 있는가
3. 그가 사는 것은 무엇인가
4. 그가 가치 있는 것으로 인식하는 것은 무엇인가
5. 그가 필요로 하는 가운데 충족하지 못하고 있는 것은 무엇인가

21
공감 〉 이해

공감 〉 이해

인간은 자기 자신을 이해하기는 어렵다. 그런데도 타인을 이해한다고 말하는 사람들은 도대체 누군가. 이해하는 척하는 수 밖에 없다. 그것이 위로라고 생각하기에 그런데, 실제는 위로가 아니라 상대의 심리적 불안을 악화시키는 기름이 된다. 똑같은 상황에 있거나, 그런 경험을 하지 못한 사람이 그런 타인을 이해하기 위해서는 각별한 노력이 필요한 법이다. 남을 위해 요리라고는 해본 적이 없는 주부는 요리사 처지에서는 남이 해 준 요리가 더 맛있다는 것을 이해하지 못 한다.

2014년 4월 16일 304명이 익사溺死한 세월호 참사는 같은 시각, 같은 현장에서, 같이 자식이나 가족을 잃은 사람들 말고는 그 고통을 느끼지 못한다. 그러나 공감 노력을 통해 그들이 느끼는 감정의 일부는 공유할 수 있다. 슬픔에 겨워 울고 있는 사람에게 정작 자신은 울음도 나오지 않으면서 괜찮다고 극복하자고 위로하는 사람이 공감한다고 할 수 있을까.

공감은 상대의 감정 상태와 욕구를 느끼고
받아들일 수 있도록 자기 입으로 말해보는 노력이다.
그렇게 할 때 상대와 교감할 수 있다.

얼굴에 여드름이 많이 생겨서 학교 갈 수 없다고 불평을 하는 10대에게 '그건 누구나 다 나는 거야'라고 말하면 공감할 수 있을까. 그보다는 '내가 보아도 많이 났는데, 짜증이 날 만도 하다. 여드름을 없애고 싶지'라고 말하는 게 공감 질문이다. 그때 서로 마음이 열리며 공감하게 된다.

효과적인 대화와 공감의 파트너십 관계는
내 생각을 상대에게 주입하여 나의 욕구를 채우려는 것이 아니라,
상대의 생각과 욕구를 내 마음속으로 받아들이고
나의 욕구를 줄이거나 폐기하려고 할 때 이루어 진다.

무엇이 올바른가는 그 다음 과정이다. 상대가 가진 신념이나 고정관념을 공감하지도 못한 상태에서, 상대에게 자기의 가치관이나 믿음을 강요하는 것은 독선적인 사람에 불과하고, 리더라고 할 수 없다. 그건 분명히 정신적 폭력이다.

22
공헌할 수 있는 일은 > 할 수 없는 일은

공헌할 수 있는 일은 > 할 수 없는 일은

직원을 뽑을 때 자기 자신과 상대에게 물어야 할 것은 '당신이 우리 팀에 공헌할 수 있는 일은 무엇인가, 또는 당신이 잘할 수 있는 일은 무엇인가'하는 것이다.

조직은 구성원의 강점만 활용하여
성과를 내는 곳이다.

그가 할 수 없는 일은 사용할 것이 아니다. 사용하지 않는 것에 관심과 초점을 두는 것은 문제에 집중하는 것과 같은 낭비일 뿐이다. 훌륭한 경영자라면 기회에 초점을 맞춘다. 사람에게 기회란 성과를 낼 수 있는 능력이다.

사람을 보고 할 일을 주는 것이 아니라, 조직에서 마땅히 성과를 내야 할 업무가 무엇인지 정한 후에, 그에 맞는 강점을 지닌 사람을 뽑는 것이다.

업무를 수행하는 것은 사람이며 따라서 업무가 그 사람에게 맞아야 한다. 그렇지 않으면 제대로 된 성과를 내기 어렵다.

23
구조적 변화 > 일시적 유행

구조적 변화 > 일시적 유행

하루하루 다른 날씨는 일시적 유행이라 할 수 있고, 한반도가 더욱 더워지는 현상은 기후의 구조적 변화다.

독일은 세계 처음으로 600명의 인력이 60일 동안 하던 일을, 10명의 인력과 스마트공장으로 6일 만에 처리할 수 있게 되었다. 연간 50만 켤레의 운동화를 생산하는 아디다스adidas의 독일 공장은 스마트공장의 원형으로 세계로 퍼질 것이 분명하다. 이곳저곳으로 생산비가 더 싼 곳을 찾아다니는 것 대신에 수요가 있는 지역 내 생산으로 대응이 가능한 시기가 왔다. 기술발전이 이런 환경을 촉진시키는 것이다.

이것은 생산혁신뿐만 아니라 물류비를 낮추는 효과가 있으나, 인간 대신 로봇의 기능이 확대됨에 따라 일자리는 크게 줄어들 수밖에 없다는 것이 4차산업 등장의 현실이다. 인간은 이제 로봇이 하기 어려운, 그러나 인간에게는 오히려 쉬운 일에 더 많은 사람이 투입될 것이다.

인간의 처지에서는 창의력 발휘가 더욱 중요해졌고,
로봇은 응용력 확대로 새로운 기회와 생산성을 높일 것이다.

어려운 일을 로봇이 하게 만드는 과학자들, 특히 소프트웨어 전문가들의 가치는 높아질 수밖에 없다는 변화가 현실이다.

몇 년 전까지만 해도 주유소의 고객은 그냥 운전석에 앉아 있는 사람이었으나, 지금은 고객이 휘발유를 직접 넣는다. 커피숍에서도 다 마신 커피잔이나 종이컵을 고객 스스로가 두어야 할 곳에 가져다 놓거나 재활용 쓰레기통에 버린다. 누가 시켜서가 아니라 당연히 그렇게 하도록 문화로 만들어버린 것이다. 문화는 구조적 변화를 이끈다.

날씨와 기후의 근본적인 의미 차이는 측정 시간의 길이다. 구조적인 변화가 장기적으로 일어날 때 이것을 피할 수 있는 길은 없다. 그러나 이 변화를 눈치채고 미리 대응한 기업들은 살아남는다. 이것을 무시하여 미국의 코닥 Kodak과 핀란드의 노키아 Nokia는 무너져 버렸다.

24
기질 | 성격 > 기능 | 기술

기질 | 성격 > 기능 | 기술

기능이란 무슨 일이든 실행하여 성과를 낼 수 있는 능력이고 획득할 수 있다. 그러나 기질|성격은 쉽게 바뀌지 않는다. 새로운 사람을 채용할 때는 뽑은 후에 바꿀 수 없는 그의 기질을 먼저 파악해야 하고, 그 다음 그가 지금 가지고 있는 기능과 학습하여 획득할 수 있는 기능의 잠재성을 본다.

그의 성격이 조직 속에서
그가 가진 기능발휘에
방해가 될 수 있는지 살펴보는 것과
마땅히 협력해야 할 파트너들과
실제로 협력할 수 있는 성격의 소유자인지가 중요하다.

그 둘 다 문제가 없다면 다른 약점은 눈여겨볼 필요가 없다. 그렇지만 그가 가진 강점이, 확인된 위 두 가지 기능발휘에 방해 요소가 될 때, 구성원으로 자신의 성과는 낼 수 있겠지만 동료들의 강점을 지원하여 그들도 성과를 낼 수 있도록 하기는 어렵다. 이런 사람은 강점이 탁월해도 뽑지 않아야 한다. 조화를 이루지 못하고 동료들과 비협조적이거나, 독선적인 사람이라면, 더욱이 그가 관리자인 경우 구성원들이 회사를 떠나게 된다.

25
기회 > 문제

기회 > 문제

기업이 성장하려면 조직에 최고 인재를 끌어들여야 하는 것은 물론이고, 경영자의 에너지를 요구한다. 그러나 성장 가능성이 높다고 판단하여 자원을 쏟아부어도, 직원들이 지치고 성과가 오르지 않는다면, 그동안 투입한 자원이 아깝다고 생각하기 쉽다. 그때는;

내가 지금 다시 의사결정할 수 있다면,
이 사업에 대하여 무엇을 어떻게 할 것인가.

생각해보고 아니라면 폐기하거나 자원 투입을 줄여야 한다.

조직에서 인재란 산소와 같다. 산소가 결핍되면 서서히 죽음에 이르듯, 인재가 모자라게 되면 조직은 생명을 잃기 시작한다. 그런데 그런 인재는 언제나 부족하므로 경영자는 평범한 사람들이 인재로 바뀔 수 있도록 새로운 기회를 주어야 한다. 그 기회란 내일을 위한 오늘의 도전과 같은 것으로, 눈으로 확인 가능한 성과를 낼 수 있는 목표를 정하는 것이다.

기회란 스스로 찾으려고 결심하면 보이는 법이다. 문제란 깊이 팔수록 새로운 문제가 보인다. 문제는 언제나 눈앞에 드러나지만 기회는 보고도 지나치거나 미루게 된다. 대개 월간 실적보고에서 기회를 다루기보다는 문제가 맨 앞에 등장하고, 경영자들은 문제를 다루는 데 더 열의를 보인다.

기회에 집중한다는 것은 문제를 외면하는 것이 아니라, 문제 자체가 조직에 말하려는 것이 무엇인가 알아내는 것이다. 그것만이 기회로 전환될 수 있으며, 이것은 기회를 찾을 수 없을 때 스스로 기회를 만드는 방법이기도 하다.

문제에 초점을 맞추는 경영자는 새로운 것이 등장했을 때 그것으로 우리가 어떤 새로운 가치를 만들어 낼 수 있는가 보다는, 그것이 우리가 이미 가지고 있는 제품이나 서비스에 적용하려면 어떤 장애가 있는지 설명한다. 이런 사람에게는 새로운 사업을 맡기지 말아야 한다.

쫓겨났던 스티브 잡스Steve Jobs가 애플로 돌아온 지 얼마 되지 않은 1988년은 세계 경제의 침체가 지속되고 금융시장도 불안한 시기였다. 모든 회사가 비용절감을 소리치고 해고에 몰두할 때, 스티브 잡스는 직원들에게 "나는 마케팅비용과 연구

개발비는 단 1달러도 줄이지 않겠다. 물론, 직원을 해고하는 일도 없을 것이며, 대신 애플은 혁신을 통해 이 위기를 돌파하겠다"고 연설했다. 이것이 바로 문제보다는 기회에 초점을 맞추는 리더십의 모범이다.

해고라는 두려운 사태를 만들지 않겠다는 약속과 애플의 핵심 역량이 마케팅과 연구개발이라는 것을 분명히 밝히고, 지속적인 투자 약속으로 직원들이 스스로 혁신에 참여하게 만든 것이다.

지식노동자에게 성과를 내라고 요구할 수는 있어도 강요할 수 없다. 능력 있는 지식노동자는 언제나 떠날 수 있는 사람이다. 그들의 마음과 경영자의 마음이 서로 연결될 때 리더십이라는 다리를 튼튼하게 만들 수 있다. 지식노동자는 기회를 발견하거나 기회를 만들어 낼 수 있는 사람이다.

달콤한 사탕과 직위의 힘을 빌어
유혹과 강요로 얻은 리더십은
부실공사로 지은 마천루摩天樓일 뿐이다.

26
깨어있는 마음 > 흐트러진 마음

깨어있는 마음 > 흐트러진 마음

인간은 사소한 사건으로 고난과 고통을 겪는다. 자신 또는 아는 사람이 인생에서 크고 작은 어이없는 상황과 마주하거나 사기를 당해보지 않은 경우는 없을 것이다.

마음이 흐트러지면
심리적 방어막은 한 순간 다 풀려버린다.

인간은 순간적인 실수를 많이 한다. 일상에서 정신과 마음은 방심한 상태보다 깨어있어야 한다. 흐트러진 마음을 바로 잡는 것은 거듭 생각하는 것이다. 감정과 직관 다음에 생각을 보태는 것이다. 이런 작은 노력으로 흐트러진 마음을 깨어있는 마음으로 돌릴 수 있다.

사고나 잘못된 판단은 작은 부주의로 일어나는 법이다. 때로는 인생의 방향을 크게 바꾸는 원인이 된다. 깨어있는 마음을 만들 수 있는 길은 하루 24시간이라는 유한 시간 자원을 나의 사명과 목표를 바탕으로 사용하겠다는 의사결정이며 그 약속을 실천에 옮기는 반복행동이고 습관이다.

27

높은 목표 〉 쉬운 목표

높은 목표 〉 쉬운 목표

기업이 목표를 높이 설정하는 것은 이익을 확대하거나, 매출을 늘리거나, 시장 점유율을 높이거나, 기존 사업의 수명을 더 늘리는 것이 아니다. 그것은 기업이 혁신의 진정한 목표를 달성하려는 것, 새로운 기회를 사업으로 바꾸는 것, 새로운 가치를 생산할 수 있는 능력을 얻는 것, 그리고 무엇보다 고객 만족에 그치지 않고 고객에게 그들이 상상하지 못했던 가치와 감동을 주려는 것이다.

많은 아이디어가 실패로 끝나기에 작은 성공으로 그 실패를 보상할 수 없다. 처음부터 높은 목표를 설정하고 자원을 집중 투입하는 것은 그런 실패에 따른 자원의 손실조차도 흡수할 수 있는 성과를 내기 위한 것이다. 이름도 없었던 시몬느가 오늘날 세계 최대 핸드백 제조 기업으로 성장한 것은 창업자인 박은관 회장이 처음부터 높은 목표를 설정한 것과 양이 아니라 질적 성과를 우선으로 했던 전략의 성공이다.

달성하기 쉬운 목표로는

고객과 구성원들의

감동 그리고 조직 생산성 향상의

혁신을 이끌어낼 수 없다.

28
다양성 > 획일성

다양성 > 획일성

더 나은 내일을 창조하겠다는 욕구를 가진 사람인지는 스스로 판단하는 것으로 알 수 있다. 전체주의의 상징이었던 나치가 '모두가 같은 길로 가게 하겠다'고 외쳤던 것은 획일주의의 전형이다.

선진국과 후진국의 차이는 그 다양성의 포용력 정도에 달려있다. 역사적으로 로마Rome가 번성했던 시기는 '관용 寬容'으로 다양성을 존중했기에 주변에서 인재들이 몰려들었던 때다. 미국이 초강대국의 지위를 더욱 공고히 다질 수 있는 것 역시 건국 초기부터 다양성에 대한 관용과 개방적 자세다. 세계 최강국 미국이 쇠퇴하게 되는 날은 이런 다양성을 획일성으로 바꾸려고 할 때일 것이다.

인간은 누구나 자기만의 독창성과 개성을 가지고 있으므로 그 개성의 발산을 억제하려는 것은 생산성 향상을 방해하는 것이며, 결국 혁신을 막는 것이다. 그러므로 조직에서 다양성이 아닌 획일성을 기업문화로 만들려는 것은 창의성을 무시하는 것으로 조직이 스스로 무너지게 만든다.

근친혼으로 프랑스를 제외한 유럽 전체를 왕가의 핏줄로 채운 합스부르크 왕조는 카를로스 2세에서 근친혼의 대가를 혹독히 치른다. 주걱턱과 튀어나온 앞입술의 기형이 그 증거다. 조직에서 획일성 즉, 순혈주의를 고집하는 기업은 근친혼이 주는 재앙처럼 어두운 그림자가 길게 남게 될 것이다.

다양성은 자연이 원하는 것이다.
인간이 그 반대로, 획일성을 구축하려 해도
그것은 늪지대에서 몸부림치는 것과 같다.

29
단호한 표현 〉 정중한 표현

단호한 표현 〉 정중한 표현

서로가 인식하고 있는 것이 같다면 커뮤니케이션은 필요 없다. 커뮤니케이션이 필요한 것은 서로의 인식 내용과 수준 차이에 있다.

조직에서 자기의 욕구와 목표를 달성하기 위해 협력해야 할 파트너를 설득하는 것은 필요하다. 설득이 어려울 때는 설득하는데 너무 많은 시간 자원을 뺏기는 경우도 많다. 경영자로서는 설득 자체가 임무가 아니다.

필요한 것은 성과다.
설득하려고 계속 시도하는 것은
자칫 상대에게 기대만 높여주게 된다.

상대의 욕구를 파악하고 나서, 어찌해 볼 수 없는 상황이라고 분석되었다면 시간을 질질 끄는 설득이 아니라, 냉정하고 솔직해야 하며 상대에게 충격이 될지라도 분명하게 표현해야 한다. 협력해야 할 상대가 그동안 기대했던 것, 기대할 수 있는 것을 버려야 한다는 단호한 각성과 단절 없이는 협력하여 성과를 낼 수 없다는 것을 깨닫게 해야 한다.

현장 경영에서 명확하지 않은 커뮤니케이션으로 중요한 사업을 망치고, 심지어 회사를 위기에 처하게 하는 경우도 드물지 않다. 지나고 나서 그때 자신이 '분명하게 말했다면'하고 후회하게 된다. 감정을 극복하여 명확하게 표현하지 못하고, 상대가 알아서 미루어 짐작하고 해석하기를 바라는 경영자는 리더로서 자격이 없다. 이 경우 상대는 자기만의 이야기를 만들어 내고 행동하게 된다. 대게 이런 사람들은 나중에 오해가 생겼을 때 '아니, 그건 말할 필요도 없이 당연한 것 아닌가'라고 변명이 될 수 없는 이유를 댄다.

사람들은 정중하게 하는 말에는
귀를 기울이지 않는 법이다.

'말은 부드럽게 하되 큰 몽둥이 하나는 갖고 다녀라'고 했던 미국 26대 대통령 루스벨트 Theodore Roosevelt의 말은 마음에 새겨야 한다.

30
두 번째 사람 〉 첫 번째 사람

두 번째 사람 > 첫 번째 사람

경영자가 가장 많은 시간 자원을 투입하는 일은 사람을 선발하고 관리하는 일이다. 경영자의 의사결정 가운데 이보다 중요한 일은 없다고 할 수 있다. 한번 선택한 사람을 내보내기는 쉽지도 않지만 그에 따른 손실과 부작용도 만만치 않다.

인간에게 시간은 언제나 적자이듯,
조직에서 사람은 언제나 부족한 법이다.

사람이 남아돈다고 생각하는 조직이 있다면 그 조직은 이미 생산성 하락을 겪는 것이다. 대부분 조직에서 더 많은 직원을 바라는 것이 정상이다.

경영자는 관리자가 인원을 늘리겠다고 요청할 때 점잖게 거절할 필요가 있다. 하지만 한 사람이 아닌 두 사람을 뽑아야 할 상황이라고 말할 때, 한 사람을 채용할 수 있도록 허가해야 한다. 처음에 사람이 더 필요하다고 하는데도 경영자가 거절한다면, 현장 책임자는 그가 현업부서의 상황을 전혀 이해하지 못한다고 생각할 것이다. 그러나 두 번째 사람이 필요할 때 첫 번째 사람을 채용할 수 있도록 하는 것은 그 조직이 현재 구성원들로 늘어나는 업무를 처리할 수 있게 하는 방법이며, 생산성을 올릴 수 있는 길이 있을까 연구하는 동기를 주게 된다. 이 검토와 피드백 과정으로 하지 말아야 할 일, 할 필요가 없는 일들을 발견하게 되고, 반드시 해야 할 일에 다시 초점을 맞출 수 있게 안내한다. 이것이 체계적인 업무 시스템이다.

31
마케팅 > 영업 | 판매

마케팅 > 영업 | 판매

마케팅과 영업은 같은 개념이 아니고, 서로 보완되는 것도 아니다. 마케팅과 영업은 완전히 반대 방향을 보는 것이다. 마케팅이 고객이 제 발로 공급자에게 오도록 하는 것이라면, 영업은 고객을 찾아가서 설득하는 일이다.

마케팅이 완벽할수록 영업 기능은 줄어든다. 마케팅은 공급자 처지에서 비용을 줄이는 일이지만, 영업은 비용을 늘리는 일이다.

마케팅의 기능이란 영업이 필요 없게 만드는 것이다.

이상적인 마케팅은 고객과 공급자 사이의 물리적, 정신적 거리가 없는 상태다. 이렇게 될 경우 고객이 공급자이고 공급자가 고객이므로 고객 확보 비용이 필요 없다. 마케팅은 고객의 욕구를 발견하고 맞추는 것 또는 고객이 모르고 있는 잠재 욕구를 알아내어 제공하는 것이다.

미국의 포드자동차Ford Motor는 1903년에 설립된 회사이며 시장에서는 이미 올즈모빌 Olsmobile과 캐딜락 Cadillac이란 회사가 성공한 상황이었다. 그런데도 포드자동차가 다크호스 Dark horse로 등장하여 시장을 평정할 수 있었던 것은 판매가 아니라 마케팅에 역점을 두어서다. 포드자동차는 모델 티T를 개발하여 자동차를 갖고 싶어 했던 대중들을 상대로 자동차 대중화 시대를 열었다.

영업이 내가 무엇을 팔고자 하는 것에 초점을 맞춘 것이라면,
마케팅은 고객이 무엇을 사고자 하는가에 초점을 맞추는 일이다.

마케팅과 혁신 이외의 모든 기업활동은 비용만 만들어 낸다. 마케팅을 정확하게 이해하고 고객 창조라는 기업의 목적을 달성한 사람은 농기계를 제조 판매한 사이러스 맥코믹 Cyrus McCormick으로 그는 당장 농기계를 살 돈이 없는 농부들에게 미래수익으로 농기계를 확보하여 생산성을 올릴 수 있는 할부시스템을 최초로 도입했다. 지금은 그가 창안한 할부시스템이 판매업의 기본이 되었고 리스 Lease산업으로 발전하였다.

32
매력 > 유혹

매력 > 유혹

'첫눈에 반했다'라는 말은 물건이나 상대에게 순간적으로 반해버린 것이며, 그 유혹에 빠진 것이라고 볼 수 있다. 진짜 가치 있는 것은 일시적 감동이 아니라 오래도록 몸과 마음에 남는 것이고, 변함없이 함께하고 싶은 것이다. 얼핏 보고 감동한 것보다는 두 번째, 세 번째 보았을 때 더 강한 매력을 느낄 수 있는 것이 진짜다. 공장에서 짧은 시간에 만든 것보다 시간을 담은 숙성된 간장이 더 감칠맛을 주고 몸에 이로운 것과 같다.

매력은 장기적인 것이나 유혹은 일시적인 것이다.

상품을 선택할 때도 겉보기가 아니라 지속성이 선택의 중요한 요소다. 구매한 지 얼마 지나지도 않아 변하거나 고장 나는 제품보다 오래도록 사용하는데 불편함이나 이상이 없는 제품이 명품이다. 새로 사람을 뽑을 때도 다를 바 없다. 한 번 보고 판단하기 보다는 거듭 보았을 때 결정하는 것이 현명하다. 공급자의 처지라면 고객을 두 번째 만났을 때 고객이 더 인상 깊은 신뢰와 책임감을 느끼도록 행동할 수 있어야 한다. 인간관계란 시간이 흐르면서 좋아하는 감정이나 서로의 필요성이 아니라 익숙하기에 유지되는 법이고, 이익과 감정으로 깨진다. 성격과 문화가 똑같은 사람은 없다. 느낌으로 시작된 관계는 감정적이라 날씨와 같지만, 믿음으로 맺어진 관계는 이성적이라 좀처럼 깨지지 않는다. 사기그릇은 작은 충격에도 깨지나, 놋그릇은 큰 충격에도 찌그러질 뿐 깨지지는 않는다. 일시적 유혹으로 구매 결정을 선택한 고객은 반품을 원하거나, 반품할 수 없는 구매였다면 후회하게 되고 그 회사 제품의 반복구매는 이루어지기 어렵다.

신뢰로 맺어진 거래 관계는 특별히 문제가 될 만한 이유가 생기지 않는 한 오래 지속한다. 다른 공급자가 더 낮은 가격을 제시해도 그것을 이유로 쉽게 공급자를 바꾸지 않는다. 예외적인 것은 혁신적인 제품일 때뿐이다. 가격을 더 낮추기 위해 다른 공급자의 가격을 알려주면서 낮추라는 요구는 하지 않는다. 모든 기업이 그렇다고 할 수는 없지만, 이것이 정상적인 파트너 관계다.

**진정한 파트너는 일시적 유혹이 아니라 서로
장기적 매력을 유지하려는 노력이 목표와 책임이 되어야 한다.**

33
무조건 고객이 옳다 〉 고객관리 원칙을 지킨다

무조건 고객이 옳다 〉 고객관리 원칙을 지킨다

고객 불만에 회사의 원칙이나 법을 내세워 대응하는 기업들이 있는데, 이것은 고객을 버리는 일이다. 고객은 옳고 그름에 관계없이 불만을 가질 수 있는 권리가 있다.

사업이란 고객이 만족했을 때만 이루어진다.

그런 경우 옳고 그름을 따질 것이 아니라, 고객을 만족하게 하지 못한 이유를 회사 내에서 먼저 찾아야 한다. 회사가 제공한 제품이나 서비스는 불량이나 불평도 없었고, 출하검사에서도 이상이 없었고, 고객만족도 조사도 정기적으로 관리했다고 하더라도 말이다. 그런 기준을 기업 자신이 설정할 수 있다면 얼마나 좋겠는가. 그러나 그것은 언제나 고객이 정하는 것이고, 고객이 기대하는 것보다 많이 보상하는 것이 그 반대보다 현명하다.

나는 실제로 서비스 제공회사에 고객 불만을 토로하고 각 기업이 어떻게 대응하는지 경험했다. 나의 개인적 경험에서 바람직하지 못한 기업을 꼽는다면 이케아IKEA라고 하는 중저가 가구 및 생활용품 업체다. 유명하다는 것과 훌륭하다는 것은 비례하지 않는다. 이케아는 환경 친화 기업이 아니다. 이 회사 제품을 많이 사면 살수록 지구환경은 나빠진다. 이 회사 제품들 대부분은 일회용 가구이거나 잠시 쓰고 쉽게 버릴 만한 생활용품들이다. 간직하고 싶어 잘 관리해서 오래 사용하고 싶은 욕구가 적은 것들이다. 최근에는 점점 고가품으로 제품 종류를 변경하거나 늘리고 있다.

고객은 실수할 수 있기에 언제든지 고객의 실수를 인정해주는 것이 고객 처지에 서는 것이다. 고객의 실수를 비용절감이나 수익창출의 기회로 이용하려는 기업은 그 고객을 잃게 된다. 거기에 그 고객이 이웃 사람들에게 비판적인 정보를 퍼트리는 동기를 주게 되므로, 이것은 경쟁사에 고객을 거저 주는 것보다 더 불리한 일 처리다. 실수했다고, 불만을 드러낸다고 불량고객으로 단정지어서는 안 된다. 그런데 기업들은 이런 일을 쉽사리 처리해 버린다. 고객을 버려도 좋다고 생각하거나, 자기에게 이익을 주는 고객만 고객이라고 생각하는 기업들도 있다. 고객불만 처리는 기회는 되지 못 하겠지만, 적어도 추가 손실을 방지할 수 있다. 고객의 행동이나 습관은 추측해서 알 수 없다. 언제나 예외적인 고객은 있는 법이다. 세탁기에 넣어서는 안될 것을 넣고 세탁했다는 경악할 사건이 있었지만, 이런 것조차 고객의 무지를 탓할 것이 아니라, 세탁기가 그런 일을 감지하여 예방할 수 있도록 디자인을 개선하겠다는 생각을 가질 수 있는 것이 훌륭한 기업의 자세다.

기업은 고객들로부터 의미 있는 정보를 확보할 수 있을 때 제공하는 서비스나 제품을 제대로 정의할 수 있다. 무엇이 고객을 만족하게 할 수 있는지 짐작해서는 안 된다. 조직적인 방법으로 고객에게서 답을 구해야 한다. 그리고 많은 기업이 이런 일을 고객의 시간을 뺏는다는 죄책감도 없이 이메일을 보내거나 무작위 전화로 답을 얻으려 한다. 고객의 시간을 뺏는 것을 그리 쉽게 생각해서는 안 된다.

지식사회에서는 소비자들의 소득수준이 높아지는 것은 물론이고, 지식수준도 높아진다. 따라서 제품과 서비스에 대한 지식이나 기대수준도 같이 높아질 수밖에 없고, 기업들은 질적 향상 요구에 대응할 수 있어야 살아남는다.

34
미래를 창조하는 것 〉 미래를 예측하는 것

미래를 창조하는 것 〉 미래를 예측하는 것

경영이란 과거의 노예가 아니라 미래의 주인이 되는 것이다. 인간이 아무리 지혜롭다 해도 미래를 알 수는 없다. 그래서 우리가 미래에 대하여 무언가 해볼 기회는 오늘이다.

미래를 예측하는 최선책은
그 미래를 창조하는 것이다.

상상하는 것들이 현실이 되기까지 각각의 시차는 크지만, 적어도 인류사에서 인간이 상상했던 것들은 대부분 현실이 되었다는 것은 사실이다. 문제는 그런 것이 언제 실현될지 알 수 없다는 것이다. 그러므로 경영자는 현재의 유한 자원을 미래를 창조하려는 계획 실현을 위해 투입해야 한다. 그것은 과거의 연장이 되어서도 안 되며, 현재의 개선이나 발전에 머물러서도 안 된다. 미래는 오늘의 혁신을 통해서만 만들어질 수 있다.

35
바름 > 권한과 직위

바름 > 권한과 직위

바르다는 것은 여러 가지 의미를 담고 있다. 경영에서 바르다의 의미는 사명과 일치하는 의사결정을 하는가를 말한다. 조직 내에서 권위란 자연스러운 것이다. 권위의 의미는 직위가 아니라 실력이고, 무력을 이길 수 있는 힘이다.

직위가 높아도
실력이 부족하면
직위가 낮은 사람이 권한을 가지게 된다.

'올바르다'거나 '정당하다'고 인정받을 수 없는 권한이나 직위로 실력을 억지로 누르고 있는 상태가 계속되면, 조직 내 불만이 쌓여 의사소통도 끊어지고, 드디어 해고를 들먹이는 공포 조직으로 변한다. 그러나 그런 환경은 변하지 않고 오래갈 수 없다. 지식노동자들이 올바른 경영 환경에서 일하지 못하거나 인격적 대우를 받지 못하고 권한이나 지위로 운영되는 환경에 남아있기는 힘들 것이다. 그런 조직에서는 인재는 떠나고 아첨꾼들로 채워진다. 사람들은 마음이 안정된 환경에서 더 많이 배우고 혁신을 이루어낸다.

36
반만 남은 빵 > 반만 남은 아기

반만 남은 빵 > 반만 남은 아기

협상은 협력하고 싶은, 협력해야 할 상대와 하는 것이다. 파트너가 되고자 하는 두 상대라면 영국 속담에도 있듯이 반이라도 남은 빵이 반만 남은 아기보다 낫다. 협상한다고 하고는 윈-윈 Win-Win의 대상이 되어야 할 상대와 아예 단절까지 감수하겠다는 것은 협상하지 않은 것만 못하다.

빵은 쪼개도 빵이라는 형태로 반이라도 남지만, 어린아이를 반으로 쪼갠다는 것은 죽이는 것이니 이런 협상은 해서는 안 된다는 말이다. 그렇기에 서로의 이해관계가 날카롭게 부딪힐 때라도 서로의 욕구가 일부라도 반영되는 타협이 차선책이다. 협상은 글로벌 핸드백 제조 기업인 시몬느 Simone의 박은관 회장이 가진 철학처럼,

협상의 결과

상대가 서로 고맙다는 마음이 생기는 것이 Win-Win이고,

통합이라고 말하는 생산적 합의다.

어떤 협상이라도 나중에 한 쪽이 후회하는 것이라면 절반의 성공이거나 미완성 협상에 그친 휴화산이다.

37

반복 | 끈기 〉 재능

반복 | 끈기 〉 재능

경영은 효율을 요구하고, 효율은 반복하여 습관이 되는 것으로 향상할 수 있다. 처음 해보는 사람과 숙련된 사람의 성과에 차이가 나는 것은 반복의 힘이다. 재능이 탁월하다 하더라도 그런 재능 또는 강점을 발견하고 나서 그 재능이나 강점을 강화하는 연습을 반복하는 사람을 능가할 수 있는 묘수는 없다. 경영을 습관이자 행동이라고 하는 이유도 여기에 있다.

남다른 재능을 가진 사람들이 평범한 사람들을 능가하는 성과를 낸다. 그렇지만 연습하지 않는 재능만 가지고는 지속해서 성과를 낼 수 없다. 재능 있는 사람이 꾸준한 연습을 통해서 그의 재능을 더욱 갈고 닦으면 그의 재능은 더욱 빛날 수밖에 없다.

어쩌다 성공한 것을 강점으로 여기거나,
장기적 성장의 밑거름이 될 수 있다는 착각은
파산의 씨앗이 될 수 있다.

경영은 습관이다. 습관이란 노력 없이도 저절로 드러나는 것이며 바로 행동으로 나타날 수 있는 것이다. 기업문화는 조직의 습관이 사람들의 오감에 반응하는 것이다. 기업이 가진 강점을 강화시키는 길이 그 기업의 지속생존과 성장을 유지하는 방법이다.

성공은 반복적으로 일어날 때만 강점으로 확신할 수 있다. 이를 위해서는 현재 가진 역량에 만족하거나 머물지 않고 더 높은 목표를 설정하고 날마다 개선하는 것이다. 완벽함을 추구하는 조직이야말로 시장에서 주도적 공급자가 될 수 있다.

성과를 내는 사람들의 공통점은 실행력이다. 실행력도 습관이다. 실행력은 오직 반복을 통해서 향상할 수 있는 능력이다. 눈 감고도 쇼팽의 피아노 협주곡 1번을 완벽하게 칠 수 있는 능력은 결코 재능이 아니다. 그것은 끈기 있는 반복을 통해 몸에 배도록 한 습관의 결과다.

38
방향 유지 > 방향 전환

방향 유지 > 방향 전환

생명을 가진 모든 것은 에너지를 생산하고 소비한다. 일에도 생명이 있다. 진행 중인 일에서 방향을 바꾸면 반드시 추가 비용이 발생한다. 큰 이익을 위해 방향전환을 하게 되는 의사결정이라도 전환에 따른 비용 발생은 피할 수 없다. 무엇보다 관성 에너지가 갑자기 줄어들게 된다.

처음부터 방향을 잘 선택하는 것이 최선책이다.

따라서 선택을 위한 정보 조사, 연구, 기획에 많은 시간을 투입하는 것이다. 그래도 불가피하게 전환해야 살아남을 수 있다면 그때는 행동을 머뭇거리지 말고 가능한 빨리 하는 것이 유리하다. 전환을 위한 현명한 질문 가운데 한 가지는

내가 다시 선택할 기회가 있다면,

'그래도 이 일을 할 것인가'라는 것이다.

그런 경우 전환이 늦을수록 비용은 증가하고 기회의 크기는 줄어든다.

39
비용예방 〉 비용절감

비용예방 〉 비용절감

비용절감은 비용예방으로 가기 위한 바로 앞 단계로 필요한 것이다. 비용절감이 불어난 지방을 태우기 위한 다이어트라면, 비용예방은 처음부터 그런 지방을 만들지 않는 것이다. 다이어트로 체중을 줄이는 것은 처음부터 체중이 불지 않도록 하기보다 어렵다.

비용이 저절로 줄어드는 경우는 없다.

'지금 하는 일을 더 효율적으로 하려면 무엇을 어떻게 해야 하는가'라고 묻는 것은 비용예방이 아니다. 비용예방은 '이 업무는 정말 해야 하는 것인가' 라는 질문에서 출발하고, '이 일을 폐기한다면 어떻게 되는가' 묻는 것이다. 아니라면 당연히 폐기하고, 해야 할 일로 드러난다면, '이 업무를 완수하는 데 가장 간단한 방법은 무엇인가'로 다시 물어야 한다.

비용예방 역시 12개월, 18개월, 3년을 단위로 지금 시스템이 효율적인지 다시 살펴보는 일이 필요하다. 이것이야말로 일회성 이벤트가 아니라 비용절감을 원점에서 시작하는 단 한 가지 선택이다. 쓸모 없는 일을 더 효과적으로 하려는 것, 할 필요 없는 일을 더 열심히 잘하려는 것처럼 해로운 것은 없다. 이런 일들은 비용을 증가시키는 일들을 자꾸 확대할 뿐이다.

변동비를 우리가 통제할 방법은 별로 없다. 그것은 변동비의 특성이다. 기업의 미래를 결정하는 재무요소는 고정관리비 지출이다. 예산이 확보되었다는 말을 듣는 순간, 공무원이라면 그것을 모두 다 써야 하고, 그것은 자기들의 권리라고 여기게 된다. 그러나 계획이라고 이름을 붙인다면 그것은 권리에서 책임과 의무로 전환된다. 수동적 재무관리를 능동적 재무관리로 바꾸어야 한다.

예산은 목표로 하는 결과를 산출하는 데 필요한 자원이지, 결과와 무관하게 쓸 수 있는 권리가 아니다. 경제성이란 적은 자원 투입으로 많은 산출을 만들어 내는 것, 즉 생산성을 높이는 경제적 활동이다. 비용예방은 효율적인 경제활동의 씨앗이다.

40
사명 > 목적 > 목표 > 수단

사명 > 목적 > 목표 > 수단

일한다는 것은 어떤 목표를 정하고, 그 목표를 달성하기 위해 언제나 부족하며 유한한 자원을 투입하는 것이다. 가치 있는 사명과 목적을 가지고 결연한 의지로 추구해 나갈 때 사회적으로 이로운 결과를 만들어 낼 수 있다.

경영자가 올바르지 못하면, 함께 일하는 동료나 직원(나는 파트너라고 부르는 사람)을 그릇된 방향으로 이끈다. 모두에게 이롭게 한다는 사회의 기본원칙을 지키는데 철저한 사람들이라면 그 경영자에게 해로운 일은 생길 수 없다. 그런데 많은 사람이 경영자의 그릇된 지시나 욕망을 따른다.

그것은 충성심이라기보다는 자기의 이익에 도움이 된다고 생각하는 것이 근본 동기다. 그런 선택에 따른 결과는 무시한 채로 말이다. 또 한편으로는 그 결과가 자기의 사명, 가치관, 목적, 목표와 일치하는지 생각하고 일하는 사람들이라면 상사가 그런 지시나 요구를 해도 분명하게 거절할 수 있다. 당연히 용기가 필요하지만,

그것은 결국 자신을 위한 선택이 된다. 수단은 목표나 사명보다 앞설 수 없다. 수단은 목표와 사명달성을 위한 적절한 도구로만 사용되어야 한다.

41

사후서비스가 없는 것 > 사후서비스가 완벽한 것

사후서비스가 없는 것 > 사후서비스가 완벽한 것

사람들이 물건을 사거나 서비스를 받고 돈을 주는 근본적인 이유는 언제나 적자경영인 시간을 확보하기 위한 것이다. 돈을 주고 시간을 사는 셈이다. 따라서, 기업이 해야 할 일은 고객이 시간을 낭비하지 않게 하는 것이며 그것이 오늘의 상품이자 서비스다.

좋은 상품이나 서비스란 바로 고객들의 시간 낭비를 예방해 줄 수 있어야 한다. 애플과 삼성을 비교할 때 사람들이 애플은 판매 뒤 서비스가 형편없다고 말하고, 실제로 애플이 판매 뒤 서비스하는 장소도 몇 곳 되지 않는다. 반면에 삼성은 전국에 판매 뒤 서비스망을 두고 있다. 그러나 고객의 한정된 시간 자원을 생각하면 잘 고장 나지 않는 제품, 그러나 수리 서비스가 부족한 제품을 사는 것이 고장이 잘 나고 수리 서비스가 탁월한 제품을 사는 것보다 현명한 선택이다. 애플의 제품설계와 생산의 목표가 여기에 있다. 애플은 제품을 디자인할 때 고객들의 한정된 시간 자원을 생각한다.

테슬라 Teslar 전기차의 강점은 바로 24시간 관리해주는 온라인 유지보수 서비스 시스템이다. 고객이 잠든 사이에 테슬라는 온라인으로 차량을 점검하고 소프트웨어 업그레이드를 마친다. 당신이 잠든 사이에 척척 알아서 서비스해주는 것이야말로 최고의 서비스다. 테슬라는 소프트웨어 회사에 버금가는 엔지니어들을 이미 많이 확보하고 있음에도 계속 소프트웨어 엔지니어들을 늘리고 있다.

이렇게 하겠다는 하드웨어 기업이 또 한 곳 있는데, 3D 프린터의 다크호스 Dark Horse로 미국 실리콘밸리에 있는 Carbon3D라는 회사다. 이 회사는 자사 제품을 고객에게 제품 소유권을 넘기는 판매가 아니라 리스로 처리하고, 모든 관리는 원격으로 처리한다는 목표를 실행하고 있다.

42

상처 입히지 않는 것 〉 법, 도덕, 윤리

상처 입히지 않는 것 〉 법, 도덕, 윤리

비즈니스는 인격의 시험장이 되기도 한다. 경영하다보면 법, 도덕, 윤리가 서로 충돌하는 경우도 흔하다. 고객에게서 큰 주문을 받기 위해 고객이 요구하는 리베이트 Rebate를 주는 것이 불법이고, 회사의 윤리규정을 위반하는 것이지만, 그런 것이 불법이 아니라 관례로 허용되는 국가에 자회사를 두고 있는 기업이라면 어떻게 해야 하는가.

법, 도덕, 윤리가 항상 올바른 것이고 공정하다고 말할 수 없다. 그것은 지역이나 국가마다 다르며, 사람마다 인식이 다를 수밖에 없다. 표준이 아닌 것을 잣대로 경영자의 행동이나 기업활동을 평가하는 것은 합리적이지 못하다.

경영자는 단 한 가지 원칙만 적용하면 혼동할 일이 없다. 그것은 히포크라테스 Hippocrates의 선서에 있는 말대로, '절대로 상처 입히지 말라.'는 것이다. 자신의 의사결정이 고객이나 파트너들에게 피해를 주는 일인가를 곰곰이 생각해야 한다.

인간에게 몸이 아프다는 것은 자신이 거짓 상태에 놓인 것이다.

몸의 진실은 아프지 않을 때고 그때 선善을 추구하는 것이다. 선을 추구한다는 것은 이타적 사랑 즉, 가족이나 이웃을 사랑하기 전에 자기 몸을 온전히 하는 것이다. 불운하게도 선천적으로 몸이 아픈 상태로 태어나거나, 고치기 어렵거나, 고치지 못하는 지병으로 고통받는 사람들은 선을 추구하기가 매우 어렵다. 그들은 보통 사람보다 훨씬 많은 노력과 인내를 통해서 선을 추구할 수 있다.

협력해야 할 상대에게 어떤 형태로든
상처 입히지 않는 것이
윤리, 도덕, 법보다 탁월한 리더십이다.

이석증이라는 증세가 있다. 흔히 증이라고 붙은 것은 병이 아니다. 시간이 지나면 사라지기에 약으로 나을 수 있는 것이 아니라는 말이다. 이석증은 귓속 달팽이관에 있는 미세한 칼슘 조각이 제자리에서 이탈하여 생기는 증상인데 조금만 움직여도 어지러워 갈릴레오 갈릴레이 Galileo Galilei[7] 가 생각난다. 어지러움은 어찌할 수도 없고 토하기도 한다. 그만큼 몸이 온전치 않은 상태에서는 선을 추구하기가 어려운 것이다. 그러니 언제나 몸을 건강하게 관리하여 선을 추구하는 삶의 노력이 쉽게 만들어야 한다. 사람은 남의 아픔과 남의 경험을 통해서 자신의 진실을 찾

---

7. 1564~1642. 이탈리아의 철학자, 과학자, 물리학자, 천문학자. 교황청의 압박에도 불구하고 지동설을 주장했고, 실험을 통한 사실 검증 추구로 근대물리학의 아버지라 불리기도 한다.

을 때도 있기에, 타인의 아픔과 경험을 주의 깊게 관찰할 필요가 있다.

상대가 선을 추구하여 이루려 할 때
그에게 상처를 입히지 않겠다고 하는 것이야말로
경영자의 리더십이다.

공급자가 경제적으로 곤란을 겪고 있는 고객사 구매 책임자에게 뇌물을 주고 더 많은 주문을 받아 내려고 하거나, 이미 결혼하여 가족과 행복하게 살고 있는 유부녀나 유부남을 상대로 사랑한다는 이유로 이혼하고 결혼하자고 하는 행위들은 모두 상대에게 이득을 주는 것이 아니라 큰 상처를 입히는 일이다. 훌륭한 경영자라면 오히려 상대로부터 그런 제안들을 받았을 때 냉정하게 거절하는 사람이다.

43
생각 > 경험

생각 > 경험

해당 과업에 실전 경험이 풍부한 사람만을 찾아 그 자리에 앉히는 것은 아날로그 시대의 발상이다. 새로운 지식의 출현, 기술 발달 속도, 광범위한 과학 연구의 양적 증가는 경험으로 감당할 수 있는 범위를 넘어섰다.

여전히 과거 경험에서 미래를 창조하려는 노력은
묵은 옷장을 뒤지면서 오늘 파티에 어울리는 옷을 찾으려는 것과 같다.

경험에 의한 경영과 생각에 의한 경험을 여러 곳에 활용하는 것은 현명한 방법이다. 하지만, 생각이 경험보다 앞선다. 전부는 아니라 하더라도, 대부분의 노인과 그런 노인들에게 머리를 숙이면서 이득을 구하는 사람들은 청년의 생각을 하는 노인과 육체적으로도 젊은 청년에게 머리를 숙여야 할 시대이다. 그런 청년들이 없다면 사회란 지속해서 존재할 수도 없을뿐더러, 노인들조차 더 어려운 삶 속으로 빠져들어 암울한 내일을 맞게 된다. 나날이 늙어가는 한국은 이미 그 해일 海溢이 시작되어 오고 있다는 것을 아직도 눈치채지 못하는 분위기고, 미국을 비롯한 북유럽 선진국들은 이미 그 시대를 대비하고, 오히려 그 시대를 넘어서 새로운 22세기를 어떻게 대응할 지 준비하고 있다.

2차 세계대전 당시 군함이 절대적으로 부족했던 영국이 짧은 시간에 수백 척의 군함을 건조하고 전쟁을 승리로 이끄는 데 큰 힘이 되었던 것은 군함건조에 경험이 풍부한 전문가가 아니라, 조선산업 Shipbuilding에 문외한이었지만 효율적인 생산이 무엇인지 알고 있던 혁신적인 기술자가 이룬 성과이다.

대부분의 조직에서는 관리자들이 같은 산업이나 업무에서 10년이나 20년 일했다면 그 경험이 풍부하다는 이유만으로 그의 가치를 높게 평가한다. 그러나 지금 시대에서 중요한 것은 경험이 아니라, 조직을 운영하는데 사람과 환경을 포함하여 조직이 마주치는 중대한 문제들을 해결할 수 있는 깊은 사고력과 통찰력이다. 그런 능력을 확보하려면 지역적인 이해 수준에 머무는 것이 아니라, 글로벌 시장에서 벌어지는 정치, 경제, 환경과 문화를 이해하고 무엇이 의미가 있는 것인지, 그것이 우리 조직의 생존과 발전에 어떤 영향을 미치게 될 것인지, 그에 대응하여 지금 우리 조직이 무엇을 마땅히 해야 하는지 알아야 한다.

경험이 풍부한 사람이 가진 또 다른 약점은 경험에서 축적된 고정관념이다. 기존 사고방식은 새로운 문제, 위험, 기회에 도전하겠다는 의욕을 꺾는다. 과거 산업의 선두자들은 중년을 넘은 사람들이지만, 디지털 산업의 선두자들은 20대나 30대 젊은이들이다. 그들은 기존 방식대로 사업을 수행하지도 않고, 절벽에서 뛰어내리는 두려움에 정면으로 맞설 수 있다. 그 용기와 결단으로 날아오를 수 있다. 미국에서 벤처기업들이 더욱 활발하게 움직이고, 유럽은 상대적으로 돌파구를 찾지 못하는 것은 그런 용기와 결단을 돕는 사회적 동력 부족도 원인이다.

44

성과 > 노력

성과 > 노력

회장이 한밤중에 그의 회사 사무실 불이 환하게 켜져 있는 것을 보고 저렇게 열심히 일하는 사람은 회사에 귀중한 인재라고 감동을 받았다는 말이 있다. 그런 사람이 있다면 칭찬할 것이 아니라, 왜 늦게까지 일해야 하는지, 회사가 일하는데 부족하도록 한 게 무엇인지 묻는 것이 답이다. 힘겹게 언덕 위를 올라가는 손수레는 사라졌다.

단순히 땀 흘리며 노력하는 것만으로는 안 된다.
그건 사회적으로 칭찬은 받을 수 있지만,
그것으로 그친다.
기업에서 필요한 것은 성과다.

하루 한 시간 노동으로 조직 내 평균적인 노동자가 보여주는 생산성의 두 배를 달성하는 사람과, 하루 두 시간을 노동하고 평균적인 노동자가 만들어 내는 한 시간의 생산성 수준에 그치는 사람을 비교하면 누가 더 우수한가.

정보기술 시대에 쏟아붓는 시간 양은 생산성과 비례하지 않는다. 이제는 더 적은 시간을 투입하고도 더 많은 성과를 내는 사람들이 인재다. 경영자가 직원들의 성과평가를 투입시간을 기준으로 한다면 인재는 떠나게 되고, 평범한 사람들만 계속 평범한 수준으로 남아있게 되거나 뒤처지게 된다.

많은 기업이 여전히 출퇴근 시간을 정해놓고 관리까지 하고 있지만, 미국의 글로벌 기업들에는 보통 그런 기준이 없다. 생산성에 영향을 미치지 못하는 시스템은 모두 비용만 발생시키는 일이다.

지식노동자의 생산성은
얼마나 많은 시간을 투입하는지가 아니라 효율성이며,
맡은 과업을 제대로 수행하여
바라는 기대성과를 내는 것이다.

지식노동자가 동기를 유발하게 이끄는 것이나, 일을 잘하고 있는지 감독하는 것은 쉬운 일이 아니다. 그보다는 지식노동자가 자신을 관리할 수 있도록 해야 한다. 기업이 생산성을 올리지 못하는 지식노동자에게 계속 보상해 주기는 어렵다. 지식노동자가 언제든 자기 가치를 가장 높게 평가해주는 조직으로 떠날 자유가 있는 것처럼, 자기계발로 스스로 생산성을 높이지 못하는 지식노동자는 그 조직에 남아있기는 힘들다. 이전까지 종신고용을 미덕으로 삼고 해고할 수 없었던 사회에서 이제는 계약직 노동자들의 비율이 더 높아지고 있다. 정규직은 손가락을 꼽을 정도고 90% 이상이 계약직으로 고용된 회사도 등장했다. 상대적 강점을 가진 지식노동자가 되지 못하면 계약직으로 내몰리는 상황에서 벗어나기 어렵다.

물론, 이런 상황의 1차 책임은 고용주에게 있다고 할 것이다. 그러나 그보다 앞서 그런 법을 허용한 정부와 국회에게 더 근본적인 책임이 있는 것이고, 그에 동조하는 국회의원과 대통령을 선택한 사람들에게도 공동책임이 있다. 이렇게 따지다 보면 결국 우리 각자가 그런 선택과 책임의 연결고리에서 벗어날 수 없다.

어떤 경우든 적극적으로
자신의 가치를 높일 수 있는 사람은 자기 자신이며,
그것은 그의 권리이자 책임이다.

45
생산적 비용 > 소비적 비용

생산적 비용 > 소비적 비용

비용예방이 완벽할 수 없기에 비용예방 뒤에도 비용절감 노력은 여전히 필요하다. 또한 비용 줄이기의 목표는 먼저 생산적 비용과 소비적 비용 가운데 소비적 비용을 줄이는 것에서 시작해야 한다.

기업은 지속적인 이익창출과 투자의 반복으로 성장한다. 성장 과정에서 비용을 줄일 수 있으면 수입이 적어도 지속 생존 가능성은 높아진다.

개인적으로 보면 먼저 '자신의 행복과 관련이 있는 비용인가' 생각해 본다. 그 다음 '그 비용이 인생에서 중요한 가치가 있는 지출인가'라고 물어야 한다. 마지막으로 효율적으로 사용되는지 생각해 본다. 이 세 가지 질문에 모두 긍정적이라면 그 비용을 생산적 비용이라고 판단할 수 있다.

기업에서라면 직접노동을 제외하고 생산성에 영향을 미치는 것으로 세 가지가 있다. 첫째로 지식과 시간, 둘째로 제품 조합과 프로세스 조합, 셋째로 기업 내부 조직구조와 활동의 조합이 그것이다.

경영진은 각기 능력과 자원에 한계를 가지고 있으므로
그 한계를 넘어서려는 도전은
실패할 가능성이 높다.

그 실패는 기업의 도산까지 불러올 수 있다. 지식과 시간에 대해서는 명확하므로 더 설명이 필요 없다. 제품 조합의 경우, 같은 자원을 어떻게 조합하는 것이 최적 결과를 만들어 내는가의 문제고, 프로세스 조합은 기업 자체의 역량과 자원을 판단하여 모든 것을 직접 할 것인지, 외부에 위탁할 것인지의 문제다. 조직구조와 활동의 조합에서는 회사가 지금 어디에 집중해야 하는지 판단하는 것이다. 그 의사결정에서는 기업과 경영진이 가진 자원과 구체적인 능력을 바탕으로 조직의 한계점을 수용할 줄 아는 것이 중요하다.

46
소프트웨어 > 하드웨어

소프트웨어 > 하드웨어

하드웨어는 물리적 한계를 가지고 만드는 것이므로 상상력을 현실로 구현하는 데는 제한이 있다. 그러나 고객의 욕구는 무한에 가깝다. 그것도 한 사람이 아닌 적게는 여러 명에서 많게는 수억 명의 고객들을 만족하게 해야 한다. 이를 해결할 수 있는 유일한 길이 소프트웨어다. 따라서 하드웨어만 가지고 있는 기업은 탁월한 소프트웨어를 가진 기업에 질 수밖에 없다. 독자적인 소프트웨어를 가지고 하드웨어를 만들어 제공하는 기업은 살아남을 것이다. 건강한 사람이 사고로 뇌사상태에 빠져 버리면 심장이 튼튼해도 회복하기가 힘들다.

하드웨어가 심장이라면
바로 그 뇌의 기능이 소프트웨어다.

소프트웨어는 제품에만 한정된 것이 아니다. 국가차원의 전략에 적용할 수 있다. 역사를 되돌아볼 때 개방만이 발전할 기회를 많이 가질 수 있다는 것이다. 이탈리아 로마 Rome는 물론이고, 오늘날 미국 캘리포니아 California 주 샌호세 San Jose 시를 중심으로 25㎢ 지역을 감싸고 있는 실리콘밸리 Silicon Valley 가 그곳이다. 러시아는 성장 역량이 넘쳐나고 있어도 구시대적 폐쇄정책을 버리지 못하여 추가 성장의 기회를 날려버리고 있다. 반면 동유럽의 에스토니아 Estonia는 아날로그 Analog[8]가 정착되기도 전에 디지털 Digital로 과감히 선택해서 유럽의 투자가 몰리고 있다. 현재 가장 빠른 인터넷 망을 가지고 있는 나라다. 이 나라는 전 국민에게 의료건강관리를 제공하고 있고, 2007년 세계 최초로 전자투표를 도입하였다. 국민의 95%가 인터넷으로 세금을 낸다. 전국에 있는 학교에는 오래 전부터 인터넷 망이 깔려 있다. 초등학교 1학년부터 프로그램 코딩Coding을 배운다. 초등학교 학생들의 입학률과 문자해독률은 100%다. 2014년에는 또 한번의 개방적 혁신에 도전하였는데, 누구라도 에스토니아에서 전자거주권을 받을 수 있다. 이것만 있으면 에스토니아 국민과 같은 활동과 생활을 허용한다. 에스토니아는 사이버 Cyber 공간의 로마가 되려는 것이다. 인구 130만 명에 불과한 작은 나라지만, 디지털 주민 1,000만 명을 불러들이겠다는 높은 목표를 정하고 진행 중이다.

---

8. 아날로그와 디지털은 인간이 인식하는 정보와 처리 방법에 따라 나눈 것이다. 인간이 눈으로 보는 것은 사실 모두 아날로그다. 그러나 기계 속에서 디지털로 작동하게 설계하여 효율을 높인 디지털 세계는 우리 눈으로 보이지 않는다.

47
수신자 > 발신자

수신자 > 발신자

인간의 삶 가운데 커뮤니케이션이 차지하는 비중은 양과 질 모두 중요하다. 커뮤니케이션과 관련하여 '아무도 듣는 사람이 없는 숲 속에서 나무가 쓰러지면 소리가 나는가'라는 수수께끼가 있다. 정답은 '아니오'이다. 커뮤니케이션이란 그것을 듣는 사람이 있을 때 듣고 인식한 상태여야 한다는 말이다. 흔히 완벽한 커뮤니케이션을 위해서 경청이 요구된다고 하지만, 경청이 전부가 아니다. 경청은 지금 누가 있는지 모르는 집 대문을 두드리는 것에 불과하다.

커뮤니케이션의 결정권자는
발신자가 아니라 수신자이다.

즉, 내가 상대에게 무슨 말을 했는지가 중요한 것이 아니라, 그가 무슨 말을 들었는지가 중요하다.

커뮤니케이션이란 첫째, 인식하는 주체는 말하는 사람이 아니라, 듣는 사람이다. 즉, 송신과 수신 안테나가 있다면 수신 안테나가 커뮤니케이션의 품질을 결정한다. 초고성능 송신기로 하루 종일 방송한다 하더라도 그 방송을 보고 안 보고는 수신자의 결정이다. 따라서 커뮤니케이션은 하향식이 아니라 상향식이 효과적이다. 이미 인식하고 있는 사람에게서 인식하기를 원하는 사람에게로 전달되는 것이다. 인간은 인식할 수 있는 것만 선택하여 받아들인다. 똑같은 대상을 보았더라도 사람마다 인식의 범위가 다른 것은 각자가 가진 관찰능력과 경험을 통해 얻은 정보를 인식하는 능력이 달라서다.

커뮤니케이션은 이미
서로 인식하고 있는 것이 다르다는 조건에서 시작되기에
많은 노력이 필요하다.

둘째, 커뮤니케이션은 기대하는 것이다. 사람들은 자신이 기대하는 것을 상대가 말할 때 인식의 차이 없이 같은 수준으로 대화할 수 있다. 그렇다고 완전히 같을 수는 없겠지만 상대가 기대하지 않고 있던 것을 커뮤니케이션하기란 어려운 일이다.

셋째, 커뮤니케이션은 관여하는 것이다. 이것은 사람들이 원치 않는 것은 피하고, 좋아하는 것이나 긍정적인 것은 잘 기억하려는 경향이 있다는 것이다.

넷째, 커뮤니케이션과 정보는 다르지만 상호의존적이다. 정보는 사실과 논리에 기반을 둔다. 정보는 감정이나 가치관이 포함되지 않는 비인격적 요소다. 그런 성격을 가진 정보가 단지 그 고유의 지식과 구체적인 내용만으로 전달되면 유익함으로 나타나지만, 인격이 끼어들게 되는 경우 커뮤니케이션이 복잡하게 변한다.

목수와 이야기할 때는 목수의 용어로 말해야 하듯, 커뮤니케이션을 원활히 하기 위해 먼저 알아야 할 것이 있다.

이 내용이 수신자의 인식범위 안에 있고,
그가 이것을 받아들일 수 있는가.

를 먼저 생각해야 한다. 종교에 빠진 광신도들과의 대화에서 증거를 대고 말해도 그들은 절대 수긍하지 않는다.

48

시간을 잡아 먹는 것 > 시간이 사라지는 것

시간을 잡아 먹는 것 > 시간이 사라지는 것

유한하고 저축할 수 없는 시간 자원을 파악하는 것은 일을 잘할 수 있는 방법 가운데 한 가지다. 시간은 누구에게도 종속되지 않는 자유 자원이자, 누구도 저축할 수 없는 것으로 인간에게 잠시 머무는 나그네다. 나그네가 책임지는 일은 없다. 사라지는 시간의 책임은 전적으로 자기 자신에게 있다.

자신의 시간 자원이 어디에서 낭비되고 있는지 알기 위해서는 어디서 시간이 사라지고 있는가를 찾을 것이 아니라, 시간을 잡아먹고 있는 것이 무엇인지 알아내는 것이다. 또한, 일에 착수하기 전에 그 일이 자신에게 유익한 것인지 신중히 생각해 보아야 한다. 그래야 일단 시작한 일을 끝마칠 수 있다. 무익하거나 사회적으로 악영향을 미칠 수 있는 일들은 황금색을 번쩍이며 나타난다.

비서가 있다면, 비서에게 한 달 동안 내가 어디에 시간을 쓰고 있는지 리스트를 만들어 달라고 부탁하고, 한편으로 자신도 한 달 동안 어디서 시간을 낭비하고 있는

지 자기가 생각하는 것을 적어 본다. 비서가 제시한 것과 자신이 낭비라고 적은 것이 같다면 그것은 틀림없이 시간이 잡아먹고 있는 일을 열심히 하는 셈이다. 시간을 관리할 수 있다면, 시간을 헛되게 쓰지 않으며 목표를 충분히 달성할 수 있다.

20대, 30대, 40대는 지식노동자의 가치를 높이는 일에 시간을 집중적으로 투자해야 할 시기다. 학습에 관한 한 인간은 나이 들수록 투입되는 시간 대비 산출할 수 있는 성과가 적다.

시간 자원 투입의 우선순위를 보면;

1. 과거가 아닌 미래에 초점 맞추기
2. 문제가 아닌 기회에 초점 맞추기
3. 남들이 한다고 그저 따라하지 않기
4. 차별화할 수 있을 만큼 목표를 높게 잡기 라고 할 수 있다.

49

시간의 길이 | 일의 질 > 시간의 양 | 일의 양

시간의 길이 | 일의 질 > 시간의 양 | 일의 양

고객은 상황에 따라 시간을 평가하는 가치가 다르다. 24시간 서비스 개념이 보편화 되기 전에 고객이 필요했던 것은 한밤중에도 문을 연 편의점이나 식당이었기에 고객을 확보할 수 있었다. 그런데 지금은 그것으로도 부족한 시대가 된 것이다.

새로운 것이 계속 등장하여 고객은 더 많은 시간 자원을 확보하기 바란다. 그런데 시간은 예외 없이 누구에게나 24시간으로 정해져 있다. 이제는 고객이 더 적은 시간을 쓰고 원하는 결과를 얻을 수 있다면 그 길을 택할 수밖에 없다. 따라서 편의점이 주거지 안에 있을수록 더 많은 고객을 확보할 수 있다. 고객은 더 가까운 곳에 편의점이 있기를 바란다. 그래야 시간을 절약할 수 있다. 멀리 있는 대규모 매장이나 백화점은 자주 갈 수 있는 곳이 아니며 특별한 경우나 상대적으로 시간이 남아돈다고 생각하는 직업이 없는 가정 주부나 그냥 즐기는 사람들이 갈 수 있는 곳이다.
현대인들이 시간 자원의 부족에 시달리는 것은 분명하다.

기술 발달로 할 수 있는 것, 하고 싶은 것들이 훨씬 다양하고 많아진 것도 있지만, 의료기술의 발전으로 노년에도 건강하게 활동할 수 있으므로 장수 욕구도 더 강해졌다. 1900년대 한국인의 평균수명은 50세를 간신히 넘겼다. 그런데 2000년대 한국인의 평균수명은 80세에 이른다. 100년 만에 인간의 평균수명은 거의 2배 가까이 늘어난 것이다. 장수를 원하는 인간의 욕망은 평균수명 100세가 되어도 멈추지 않는다.

인간에게 시간을 돌려주는 일,
고객에게 같은 가치를 더 짧은 시간에 제공할 수 있는
기업만이 살아남고 성장할 수 있다.

온라인 판매기업인 아마존 Amazon이나 알리바바 Alibaba는 고객이 원하는 상품을 더 빨리 고객에게 전달하려는 수단개발을 위해 돈을 아끼지 않는다. 그것은 다름 아닌 고객에게 시간을 돌려주는 경쟁이다.

50
시장 중심 다양화 > 기술 중심 다양화

시장 중심 다양화 > 기술 중심 다양화

기업이 성장하기 위해서 상품이나 서비스, 사업 자체의 다각화는 필요하다. 성장이 정체되어 있을 때나, 추가 성장을 하고 싶을 때 사업 다각화를 선택하게 되는데, 경영자가 이때 해야 할 질문은 '우리가 그 사업에 어떤 공헌을 할 수 있는가'이다. 만약, 아무것도 없거나 극히 미약한 부분만 가능하다고 판단되면 그 다각화는 손대지 않는 것이 현명한 결정이다.

어떤 사업이건 시작하게 되면 예상의 두 배 또는 네 배나 되는 시간과 자원이 투입될 수밖에 없다. 여기에 예외란 없다.

기술 자체가 가치를 만들어 내는 것이 아니고
고객과 시장에서 그 기술을 적용한 효용성이 가치로 나타난다.

그 가치를 인정하고 돈을 내는 것도 고객과 시장이다. 그러므로 사업 다각화 전략은 기술중심이 아니라 고객이 있는 시장에서 출발해야 한다. 고객을 확보하지 못하는 기발한 기술은 무용지물 無用之物이다.

51
아무것도 하지 않기 > 의사결정의 대상인지 알기

아무것도 하지 않기 > 의사결정의 대상인지 알기

의사결정 단계에서 첫 번째는 '이 문제가 의사결정의 대상이 될 수 있는가'라는 질문이다. 이 질문보다 앞서는 것은,

의사결정 자체를 하지 않는 것이며
이것은 폐기하는 일을
처음부터 만들지 않는 것이다.

어떤 문제와 마주하게 되면 대부분 즉각 반응해야 한다는 시간의 압박을 받게 된다. 압박감을 받은 상태에서 유연한 생각을 하기 어렵다. 충분히 생각할 시간이 없다면 고정관념에서 해답을 찾게 되고, 이런 상태에서 생각은 고정관념을 벗어나기 어렵다. 문제란 저절로 사라지기도 한다.

밤에 산에서 길을 잃게 되면 보이지 않게 되고 두려움에 빠진다. 이럴 때는 잠시 있으면 어둠 속에서라도 희미하게 볼 수 있게 된다.

길이 보이지 않는 것은 두려움 때문이지,
길이 없어서가 아니다.

52
약점의 강점 전환 > 약점 개선 노력

약점의 강점 전환 > 약점 개선 노력

약점을 개선하려고 자원을 투입하는 것은 현명하지 못하다. 그런데 아무리 생각해도 강점이라고는 찾을 수 없는 사람이라면 어찌해야 하는가. 여기에 그 차선책으로 고객 관점에서 약점을 강점으로 바꾸어 성공한 경우가 있다.

한국의 최고 코미디언이던 고 이주일 씨는 '못생겨서 죄송합니다'라는 말로 스타가 되었는데, 그는 못생겼다는 자신의 약점을 거침없이 드러내어 강점으로 기능을 전환한 사람이다. 이렇게 할 수 있으려면 자신에 대한 냉정하고 솔직한 인식이 필요하다. 나는 사실이 아닌 것을 의도적으로 사실이라고 반복해서 자기 암시를 주고 믿으면 그것이 사실로 바뀔 수 있다는 주문 呪文에 동의하지 않는다. 변화를 일으키는 것은 그런 주문이 아니라 인식 다음의 행동이다.

강점이라고는 찾을 수 없어
약점을 개선하려고 애쓰기보다는,
고객의 눈으로 약점이 강점으로
전환될 수 있는지 생각하는 것이 현명하다.

53
업무폐기 〉 사람폐기

업무폐기 〉 사람폐기

배설하지 않으면서 살 수 있는 인간은 없다. 법인도 마찬가지다. 회사의 구조조정에서 가장 먼저 일어나는 것이 해고다. 그러나 일이란 인간이 누릴 수 있는 행복 가운데 가장 생산적인 요소다. 인간에게서 일할 수 있는 기회를 뺏는 것은 행복을 뺏는 것이다. 인간이란 사회적 동물이며 일을 통해 자기 가치를 실현하고 사회 구성원의 한 사람으로 공헌의 보람과 존재감을 느낄 수 있다.

기본 의식주 衣食住가 해결되었더라도 일 자체가 주는 기쁨이 크다. 기업 경영에서 인건비가 언제나 가장 많은 비중을 차지한다. 그러나 위기가 닥쳐서 사람을 줄일 수밖에 없다고 해도, 그 전에 폐기해야 하는 일, 폐기할 수 있는 일이 무엇인지 먼저 생각해야 하는 것이 전략적 선택이다. 단거리 경주에 나가야 할 선수로 거구의 뚱뚱한 사람을 선택할 수는 없는 일이다. 구조조정이라는 명분으로 구성원들을 해고하는 것은 불가피한 일이겠지만, 구조조정의 출발은 업무폐기에서 시작되어야 구조조정의 장기적 효과를 볼 수 있다. 해고 리스트 작성이 절대 먼저 되어서는 안 된다.

54
완벽함 > 탁월함 | 만족함

완벽함 > 탁월함 | 만족함

탁월하다는 것은 여전히 부족하다. 드러커가 독일 함부르크 대학에 다닐 때, 오페라 극장에서 주세페 베르디 Giuseppe Verdi 가 80세에 작곡한 '팔스타프 Falstaff[9]' 공연을 본 것이 그에게는 또 하나의 교훈을 얻는 계기가 되었다. 베르디는 '완벽함은 항상 나를 피해갈지 모르나, 나는 한 번 더 시도해 보고 싶다'고 말했다.

일본에서 최초로 미슐랭 가이드 Michelin Guide 별 세 개를 받았다고 하는 지로 스시 Jiro Sushi[10] 는 날마다 '내일은 더 나은 맛을 제공하겠다'는 신념으로 완벽함을 추구한다. 철저하게 고객만족과 감동에 초점을 맞추고, 재료는 각 재료 분야의 전문가에게 맡겨서 그들이 최고라고 인정하는 재료만 쓴다. 이런 철저한

---

9. 주세페 베르디가 작곡한 오페라곡으로 셰익스피어의 희곡인 [윈저의 즐거운 부인들 The Merry Wives of Windsor]을 기초로, 아리고 보이토가 대본을 작성한 3막의 오페라이다. 베르디의 마지막 오페라로, 그의 유일한 희극 작품이다.
10. 세계 최초로 미슐랭이 평가한 별 3개 최고 등급 스시집이다. 별 3개의 의미는 요리가 탁월하여 맛보기 위해 시식 여행을 떠날 가치가 있는 식당을 말한다. 다큐멘터리로도 제작되었다.
http://www.magpictures.com/jirodreamsofsushi/

고객 중심주의로 1인당 무려 3만 엔, 한국 돈으로 약 30만 원짜리 스시세트를 내놓는다.

지로 사장의 세밀함은 고객이 왼손잡이인지 오른손잡이인지도 파악하여 스시를 제공하는 것은 물론이고, 남성과 여성을 구분하여 서로 식사를 마치는 시간이 비슷하게 여성에게는 스시 양을 조금 적게, 남성에게는 상대적으로 조금 넉넉하게 만들어 준다. 물론 손님들은 그 차이를 알지 못한 채로 즐긴다. 그의 일은 기술에서 예술로 바뀐 것이다.

언제나 오늘보다 나은 내일의 기술과 제품이 등장해왔다. 완벽함을 추구하는 것은 완벽 그 자체를 만들어내는 것이 아니라 탁월함을 유지하기 위한 것이다.

완벽함을 추구하는 책임감과 고객에게 감동을 주겠다는 예술정신의 대표 기업은 애플이다. 애플의 스티브 잡스는 구성원들이 원통형 컴퓨터를 설계하고 제작할 때 보이지 않는 원통 속의 회로판과 부품들조차 단순한 아름다움과 완벽함을 갖추어야 한다고 강력하게 요구한 사람이다.

55
욕구 > 불만

욕구 > 불만

불만이 많은 고객은 모두 떠날까. 실제는 그렇지 않다. 그리고 불만보다 강력한 것은 욕구다. 불만이 많은 고객이 기존 공급자로부터 떠나지 못하는 이유는 제품력 때문이다. 애플 스마트폰의 고객들은 사후서비스에 불만이 크다. 그래도 여전히 애플의 고객은 늘어나고 있고, 애플의 세계 스마트폰 시장에서 이익점유율은 2016년 상반기 기준으로 90%를 넘고 있다. 마케팅 비용을 가장 많이 쓰는 기업도 아니다. 이 경이적인 기록은 애플이라는 기업이 훌륭한 것도 있겠으나 아이폰이라는 제품이 탁월하기에 달성한 것이다.

고객의 아이폰 소유 욕구는 부족한 사후서비스에 대한 불만도 극복했다. 그 제품력을 대체할 만한 매력적인 대안이 나타날 때까지 고객은 떠나지 않는다. 익숙한 것과 결별하기는 쉬운 일이 아니다. 그런 일이 일어나려면 고객이 눈을 번쩍 뜰만한 매력을 주어야 한다.

습관과 욕구는

불만을 잠재울 수 있다.

56
위험 감당의 최소 이익 〉지속 성장의 최대 이익

위험 감당의 최소 이익 > 지속 성장의 최대 이익

'세금을 정직하게 내고는 회사를 유지할 수 없다'는 말은 기업인 대부분이 하는 말이다. 이런 기업인들에게 이익이란 비용에 불과하다고 말하면 헛소리로 들릴 수도 있다. 경영자들의 그런 비윤리적 편견은 경제적 기관으로서의 경영자가 마땅히 지켜야 할 사회적 합의를 깨는 것이다.

과거 생산의 3요소인 토지, 노동, 자본은 모두 생산 비용이 발생한다. 자본을 확보하는 것도 비용이 발생한다. 회사가 계속 성장하기 위해서는 기회에 대한 투자가 필요하다. 거의 모든 회사는 100% 자기 자금만으로 경영할 수 없다. 경영에서 세 가지 비용요소 즉, 인재확보, 연구개발, 시설확대를 위해서는 자기자본보다 더 많은 자금을 확보해야 한다.

비용을 충당하지 않고
거저 얻을 수 있는 외부자금이란 없다.

자금확보를 위해 증권시장에 상장하는 것도 많은 임시비용과 해마다 고정비용이 발생한다.

오늘날 경영환경의 변화가 예측하기 어렵고 급변하는 상황에서 기업이 위험을 피할 방법이란 대응하는 것이다. 이익은 바로 그런 계속적 경제활동의 위험과 불확실성에 대응한 보험료를 낼 수 있는 자원이며, 현재의 고용유지와 미래에 필요한 구성원을 확보할 수 있는 것으로, 연금을 포함한 고용비용이다. 그런 비용을 조달하는 것이 이익의 기능이고, 그런 비용을 감당할 수 있는 수입을 만들어 내는 것이 기업의 경제적 그리고 사회적 책임을 다하는 것이며 바로 경영자의 일이다.

이익을 최대로 만들어 내는 것이 아니라,
위험을 감당할 수 있는 최소 이익을 확보하는 것이 경영의 일차 목표다.

이익과 사회적 책임은 대립관계가 아니라 선순환을 이룰 수 있는 시너지 Synergy 관계다.

57
윤리적 행동 > 현실적 행동

윤리적 행동 > 현실적 행동

왜 경영자들이 위험을 감수하면서 비윤리적 행동을 하는지 공감할 수 있을까. 선출직 공무원인 대통령, 국회의원들, 지방자치단체의 장들 그리고 임명직 공무원들인 국무총리, 장관, 차관은 물론이고, 대법관, 판사, 검사 등 이른바 권력을 가진 사람들이 왜 비윤리적 행동을 선택하는가. 공정거래위원회가 본래 주어진 임무만 성실하게 해도 약자인 중소기업이나 고객들은 자기의 권리를 유지할 수 있다. 그런데 출발부터 성실하게 공공봉사의 직무에 충실하겠다는 약속을 하고 공직에 앉은 사람들이 비윤리적 행동을 하는 것은 그 사회의 윤리 수준을 반영하는 것으로 사회가 그런 행동을 허용하고 있는 탓이다.

윤리적 행동은 상황과 관계없이 적용해야 하고,
또한 적용할 수 있어야 한다.

지식노동자에게 실직의 두려움을 갖게 하는 것은 그들의 생산성을 높이는데 도움이 되지 못하고 오히려 부작용이 있을 뿐이며, 그 부작용이 지나치면 불법과 탈법이라는 위험한 방법을 쓰게 되고, 자칫 기업의 도산까지 불러오게 된다. 지식노동자의 생산성을 높이는 것은 자기 동기유발과 자기 주도성이고 그를 통해서 성과를 만들어 내며 인간으로서의 자긍심과 성취감을 만끽할 수 있어야 한다. 지식노동자가 생산성 없이 개인적 만족만을 얻는다면 하루하루가 그저 즐거울 수도 있겠지만, 조직은 비용을 감당할 수 없기에 그를 해고할 수밖에 없다.

2015년 미국의 제약회사 튜링 Turing은 AIDS 치료제의 가격을 하루아침에 50배나 올렸다. 13.5달러로 팔던 것을 750달러로 올린 것이다. 청문회까지 열리고 최악의 경영자라고 비난받았던 마틴 쉬크렐리 Martin Shkreli 사장은 미디어와의 인터뷰에서 '나는 자본주의 방식대로 했을 뿐'이라고 주저 없이 말했다. 이런 회사는 평판이나 고객 보호보다는 최대 이익을 만들어 내는 것이 더 중요하다고 믿는다. 그렇다고 이런 비윤리적 회사가 쉽게 망하는 것은 아니다. 하지만 윤리적 행동을 선택해야 하는 것은, 기업이란 사회 속에서 지속생존과 성장을 유지해야 할 책임이 있고, 그것은 단기적이고 현실적 행동의 유혹을 버려야 가능하다.

58
이익센터 > 비용센터

이익센터 > 비용센터

기업 내부란 오직 비용만 발생하는 곳이다. 기업이 이익을 만드는 곳은 시장과 고객이 있는 외부다. 항공기는 하늘을 날고 있을 때 이익을 내고, 땅에 착륙한 상태로 시간을 보내면 주차료 청구서만 잔뜩 찍어내고 있을 뿐이다. 그래서 항공기의 지상 체류 시간은 짧을수록 유리하다. 마찬가지로, 배도 바다에서 항해하고 있을 때만 수익을 낸다. 배가 정박한 상태는 항구 정박 비용만 내게 되는 것이다.

경영자에게 기업 내부는
수단과 도구일 뿐이고,
현실은 외부에 있다.

경영의 대상은 결국 변화무쌍한 외부환경에 대응하는 것이다. 경영자는 성과를 내는 사람이다. 그런 경영자가 이익센터인 외부에 있지 않고, 내부에서 책상만 지키고 있다면 그 기업은 머지않아 그 수명을 다할 것이다.

인간은 집 안에 있을 때가 아니라, 외부에서 열심히 움직일 때 더 건강한 몸과 마음을 유지할 수 있다. 내부 활동은 최소로 하고 외부 활동을 최대로 하는 것이 경영이다.

회사에서는 주간 단위 혹은 월간 단위로 구성원들이 지출한 내용을 적고, 영수증을 붙여 지출보고서를 상사에게 제출하도록 한다. 상사는 다시 이것을 살펴보고 승인한 뒤 재무회계 부서로 보낸다. 재무회계부서에서는 지출의 정직성이나 효용성 여부를 판단하고 지출자의 계좌로 환급해 주거나, 법인 카드 지출로 마감한다. 지출관리는 내부의 일이고 생산성이란 없다. 생산성이라고는 없는 일에, 최초 지출당사자, 지출승인관리자, 재무회계부서담당자 이렇게 세 사람의 시간 자원을 사용한다. 이런 프로세스는 자원의 허비 **虛費**[11]를 넘어서 낭비 **浪費**다. 조직 내에서 이런 과정은 폐기해야 한다. 자율과 책임 그리고 성과를 조직문화의 원칙으로 하는 곳이라면 이것은 제거할 수 있다. 이렇게 시간을 잡아먹는 것이 비용센터의 내부시스템 결함에서 생기는 것이다.

---

11. 허비는 득실이 아무것도 없는 경우에 쓰는 말이고, 낭비는 득은 없고 오히려 실만 생기는 경우에 사용한다.

59
인간의 수명 > 기업의 수명

인간의 수명 > 기업의 수명

인간에게 영원할 것으로 기대되었던 조직의 수명이 평균적으로 더 짧아지고 있고, 인간의 수명은 그 반대로 길어지고 있다. 고용환경은 장기계약이 단기계약으로, 정규직은 임시직으로 전환되고 있다. 평생직장이라는 개념과 기대는 사라진 지 오래다. 그래도 오랫동안 공무원들은 이 쓰나미를 피할 수 있었지만, 그들도 안전지대에 있는 것은 아니다.

사람의 일이
인공지능과 로봇으로 대체되는 것은
일시적 유행이 아니라
구조적 변화다.

혁신의 파도에서 예외적인 곳은 없다. 지구 위에 물리적으로 격리된 곳은 더는 존재하지 않는다. 대륙 간 그리고 지역 내 이동 거리는 더욱 짧아지고 있다.

기업의 수명도 점점 짧아지고 있지만 인간의 수명은 길어지고 있다. 19세기에는 처음 만나는 사람에게 무슨 일을 하는지 물었다면, 20세기에는 어느 회사에 다니는지 물었다. 그러나 21세기를 사는 사람들은 다시 '무슨 일을 하는지' 물어야 할 것이다.

1955년과 2014년 사이에 포춘 Fortune 500대 기업의 변화를 보면, 단지 약 12% 기업만이 2014년에도 그 리스트에 남아있었고, 88%의 기업이 리스트에서 사라졌다. 1995년에 기업의 평균 기대수명이 75년이었다면, 2017년인 지금은 15년에 불과하다.

60
인본주의 경영 〉 자본주의 경영

인본주의 경영 〉 자본주의 경영

인본주의란 인간에 대한 존중이다. 경영은 어떠한 경우라도 인간에 관한 것이다. 인간이 요구하는 것은 서로의 협력과 관계를 통해 더 나은 삶을 사는 것이다. 육체노동자는 주어진 일을 제대로 완수하는 능력으로 효율성을 중시하고, 지식노동자는 일하기 전에, 어떤 일을 할 것인지를 먼저 결정하는 목표달성능력을 가진 사람으로 효과성을 따진다.

경영자란
지식노동자나 육체노동자를 구분할 것 없이
그들이 올바른 일을 할 수 있도록 이끄는 것이다.

자본주의의 속성은 올바름을 구분하지 않고 돈만 많이 버는 것이 최고라는 그

롯된 가치를 담고 있는데, 이것은 인간이 가져야 할 인격과 존중을 잃게 만든다. 경영자가 인간을 노예나 하수인으로 여기는 한, 그 조직에 인본주의가 끼어들 방법은 없다. 인본주의를 중시하는 것은 분명 장기적 이익일 뿐만 아니라 경영자의 의무다. 사람들에게 상처를 주거나, 해치거나, 버리는 어떤 경영도 사회가 용납해서는 안된다. 자본주의란 사회의 모든 에너지가 경제적 목적을 실현하는 데 집중된 것이다. 본래의 사회적 목적인 자유와 평등의 실현을 달성할 수 없다면 자본주의는 아무런 의미가 없다. 인간에게는 더 나은 인간적인 방법이 있다. 자본주의에서는 다른 도리가 없다고 변명하지만, 더 나은 길을 선택하지 않는 것이지, 못하는 것이 아니다. 그 더 나은 길이란 나만을 위한 것이 아니라 모두를 위한 것이고, 기업경영의 사명은 결국 사회에 이로운 것, 더 나은 사회를 위한 것이어야 한다. 그것이 인본주의 人本主義 경영이다.

61
일을 잘하는 것 > 친절한 것

일을 잘하는 것 > 친절한 것

고객에게는 과정과 결과 모두 중요하다. 그러나 결과는 더 중요하다. 아무리 고객에게 친절하게 한다고 해도 그 결과 고객에게 도움되지 않거나, 고객의 시간이나 경제적 자원을 낭비하게 하였다면 그 친절은 무시당할 수 있는 무능한 친절이다. 고객 처지에서는 친절함은 부족해도 고객에게 득이 되는 결과를 만들어 준 사람이 더 나은 법이다.

경영자가 명확하고 냉정하게 인식해야 할 것이 이것이다. 직원들에게 친절하라고 교육하기보다는, 고객의 욕구를 정확하고 빠르게 알아채어, 고객 마음에서 일을 잘 처리할 수 있는 능력이 더 중요하다.

무능한 친절이 고객의 분노를 일시적으로
누를 수는 있겠지만, 고객을 유지하는 동기는 될 수 없다.

진심이 담긴 '죄송합니다'의 의미는 무엇이어야 하는가. 고객이 제기한 불만에 대응할 때 '죄송합니다'가 전부인 경우, 그것은 고객의 불만을 더 키우기만 한다. 고객의 불만은 해결해야 할 책임이 공급자에게 있다. 심지어 고객이 바보같이 세탁기에 세탁물이 아닌 것을 세탁한다고 집어넣어 세탁기가 망가져도, 공급자는 그런 고객의 비정상적인 행동을 공감하려고 애쓰고 도와야 한다. 세탁해서는 안 되는 것을 집어넣었다고 알려주는 기능이 있다면 되지 않겠는가.

만약, 고객 응대를 하면서 '죄송합니다' 한마디로 모든 책임을 다했다고 느끼는 사고체계라면 심각하다. '죄송합니다'는 책임을 지는 것이 아니라 책임에서 벗어나고 싶다는 표현에 불과하다. 이런 교육을 하는 기업들이 여전히 시장에서 살아남고 성장하고 있겠지만, 그것은 단기간이다. 고객은 말없이 하나 둘씩 경쟁사로 가거나 사라질 것이다.

친절함은 좋은 기억으로 남을 수는 있으나 사소한 일인 경우에만 그렇다. 생명을 다루는 일이라면 의술이 뛰어나나 친절하지 못한 의사가 의술이 부족하고 아주 친절한 의사보다 이로운 법이다.

환자에게 훌륭한 의사란
어떤 사람이어야 하겠는가.

62
자기계발의 책임 > 직원교육의 책임

자기계발의 책임 > 직원교육의 책임

인간은 누구나 학습할 수 있는 기능을 가지고 있으며, 그런 기능은 인간뿐만 아니라 모든 유기체의 타고난 능력이다. 지식노동자라면 자기계발과 자기 가치증대의 책임이 자신에게 있다고 인식해야 한다. 그래야 자기계발 결과를 자기가 속한 조직 내에서 공헌하는 것과 자기 인생에서 지식노동자로 생산성을 높이고, 그 노력의 결과를 마음대로 사용할 수 있는 권리도 확보하는 것이다.

최고의 교육은
스스로 배우고 가르치는 자기학습이다.

연구에 서툰 사람이 지식을 전달하는 방식에서 예상 밖의 성과를 낼 수도 있다. 이름이 알려진 교수들과 그렇지 못한 교수들의 차이는 그들의 가르치는 기술에 있지, 학생들의 수준에 달린 것이 아니다. 이것은 아주 단순한데, 똑같은 도구를 사용하는 조각가 두 사람 모두가 걸작을 만들지 못하는 것은 연장을 탓할 일이 아니라, 연장을 다루는 조각가들의 솜씨에 달린 것이다.

마찬가지로, 학교에서 선생이 학생들 수준이 낮아서 우수한 학생들을 배출하지 못한다는 것은 자기의 무능을 고백하는 것이다. 교육도 경영과 마찬가지로 평범한 사람들이 비범한 성과를 내도록 하는 일이다. 가르친다는 것은 재능이자 개성이다. 교육자마다 그가 가진 강점도 다르다.

훌륭한 학자와 그가 잘 가르친다는 것과는 연관성이 없다.

기업도 지식노동자의 자기계발 노력을 대신해 줄 의무도 없고 능력도 없다. 그러나 경영자는 구성원들이 자기계발의 중요성을 절실히 깨닫고 노력할 수 있도록 격려하거나 도움을 줄 수 있다. 그런 활동으로 자신도 배울 기회를 가지는 것이며 경영자의 자기계발 과정이기도 하다.

누구도 권리 위에
잠자는 사람의 권리를 지켜줄 의무도 책임도 없다.

경영자가 스스로 자기학습을 통해 본보기를 보인다면 직원들은 자기계발의 책임이 자기에게 있다고 인식하게 된다. 자기 스스로 학습할 때 최고의 성과를 낼 수 있으니, 경영자가 해야 하는 일은 직원들이 자기계발 투자를 할 수 있도록 물리적, 경제적 공간과 시간의 여유를 주는 일뿐이다. 경영자는 처음부터 지식노동자들에게 이 점을 명확히 해 줄 필요가 있다. 학습은 배우는 것을 통해서만 이루어진다. 가르치는 사람은 실제로 학습 조력자에 불과하다. 따라서 지식노동자의 성장과 학습은 자기 노력의 결과이므로, 회사에서 여건을 제공했음에도 스스로 학습하지 않는 사람들의 발전에 회사가 책임을 느끼기는 어렵다.

조직은 언제나 이미 검증된 지식은 물론이고, 그에 더하여 개선, 발전, 혁신을 위한 새로운 지식을 요구한다. 이에 부응하지 못하는 지식노동자는 남아 있을 자리가 없다.

63
자기를 바꾸는 것 〉 남을 바꾸는 것

자기를 바꾸는 것 〉 남을 바꾸는 것

경영자는 조직의 의사 결정권자이다. 자신은 바꾸지 않고, 구성원들에게 바꾸라고 하는 것은 흙탕물의 근원지를 정화하지 않고 위에서 내려오는 흙탕물을 계속 정화하라고 말하는 것이다. 이런 정화 노력은 구성원들을 지치게 할 뿐 근본적인 변화가 일어나기 어렵다.

남을 바꾸기란 어렵지만
자기를 바꾸기란 상대적으로 쉽다.

경영자가 구성원들에게 자기의 스타일에 맞추라고 요구하는 것은 정당하지 않다. 구성원들이야말로 경영자의 존재의미를 합리적으로 만들어 주는 사람이다. 경영자의 기능은 조직 구성원들을 관리하는 것이 우선순위가 아니라 자기관리에서 출발해야 한다. 자기관리를 제대로 하지 못하는 경영자가 조직 구성원들을 훌륭하게 이끌 수는 없다. 그들이 경영자로부터 보고 배울 수 있는 것은 강점이 아니라 약점들뿐이다. 그런 사람을 경영자로 앉히게 되면 그 조직은 단기간 성과를 낼지 모르지만, 장기적으로 회사의 침몰에 큰 역할을 하게 된다.

구성원들은 조직이나 조직 내 정해진 사람에게 충성하거나, 그를 사랑하거나, 그가 좋아하는 태도를 보여야 할 의무가 없고, 조직은 그런 것을 강요할 수도 없다. 구성원들이 가진 유일한 의무는 성과를 내는 것이다. 이미 어른이 된 구성원들의 성격을 바꾸려는 것은 언제나 실패하며 인간관계만 해칠 뿐이다. 그것은 일어날 수 없는 일이다.

64
자발적 관리 〉 고객의 요구

자발적 관리 〉 고객의 요구

수도 없이 되풀이하는 말이지만, 기업의 존재 이유는 고객창조다. 고객이 없는 기업이란 있을 수 없다. 고객 없이도 기업을 세울 수 있지만 잠시 뿐이다. 그것도 수익은 없이 준비하는 기간이다. 그 기간이 길어지면 당연히 그 기업은 사라지고 만다. 그런 유예기간을 넘어서도 고객을 확보하지 못하면 다른 길이 없다. 고객을 확보하는 일에 이어서 해야 할 일이 확보한 고객을 잘 유지하는 일이다.

핵심은 고객이 요구하지 않아도
고객이 무엇이 필요한지 알고
그 타이밍에 맞추어 제공하는 것이다.

자동차회사가 고객의 운전성향을 알고, 또는 원격으로 차를 관리하면서 고객이 얼마나 달렸는지 운행거리를 파악할 수 있다면 고객이 요구하지 않아도 적정한 시기에 엔진오일을 바꾸어야 한다고 알려줄 수 있고 고객이 원하는 시간에 예약까지 해 놓을 수 있다.

앞으로 모든 생활 영역에 무선인터넷이 무료로 설치될 것이다. 무선인터넷은 일종의 국가 의료보험과 같이 정부와 지자체가 모든 비용을 부담하는 기본복지에 포함되어야 한다. 이것이 국가 차원의 생산적 비용이다. 정부가 국민들에게 정보 획득의 자유로를 제공하는 것이 국민을 주인이자 고객으로 생각하는 길이다.

고객 없는 기업이 존재할 수 없듯이
국민 없는 국가도 존재할 수 없다.

기업에서 충분히 할 수 있음에도 불구하고, 구성원들이 모른다고 마땅히 해주어야 할 기본 복리후생을 제공하지 않는다면 정당한 경영이라 할 수 없다. 그것은 생산적 비용을 아껴서 이익을 극대화하려는 것이다. 이익극대화는 경영의 목표가 아니다. 예외가 허용되는 것은 기업의 경제적 역량이 감당할 수 없는 경우뿐이다. 우선 지속 생존해야 하는 것이 기업의 의무이자 책임이기에 그렇다.

무엇을 해야 하는 지 알면서

고객이 요구할 때까지 무시하는 것은

고객을 속이는 일이다.

65
자율 〉 자유 | 관리

자율 〉 자유 | 관리

직장을 구하기 어려운 시대에는 노동자가 전직 轉職하기도 어려웠다. 이제는 직장이 아니라 직업의 시대다. 지식노동자는 언제라도 다른 회사나 다른 일을 위해 조직을 떠날 수 있다. 동기가 없는 지식노동자가 끈기와 열정을 유지하거나 목표 달성의 책임감을 느끼기 어렵다.

무엇보다 중요한 것은
독립된 인간으로서의 존중과
파트너라는 인정을 받는 것이다.

그렇다고 해서 무한한 자유를 제공하는 것이 언제나 가장 좋은 방법은 아니나, 동시에 관리 대상이 되도록 해서는 안 된다. 관리 받는 것을 좋아할 지식노동자는 없다. 구성원들에게는 돈만 많이 주면 된다고 생각하는 경영자가 있지만, 그건 그 사람의 가치관일 뿐이다. 사람마다 처한 상황과 욕구가 다르므로 동기유발 조건도 다르다.

조직에서 통제란 작업에 대한 것이지 사람에 대한 것이 아니다. 통제는 그들이 일을 잘하기 위한 도구로 지식노동자를 지배하는 수단이 되어서는 안 되며, 경제적 원칙이며 도덕적 원칙이 아니다.

물질보상을 동기유발 수단으로 계속 사용할 수는 없다. 이것은 생산성 향상이 보상증가를 넘어설 수 있을 때까지만 가능하다. 물질보상이 이루어지면 지식노동자들은 그것을 권리로 인식한다. 21세기 경영자들은 인재를 유지하기 위한 수단으로 물질보상에만 의존할 수 없으며 다른 것을 찾아야 한다. 약이 강력할수록 부작용이 커지며, 복용 기간이 길수록 그 부작용도 늘어난다. 두려움은 노력과 열망의 채찍질로 쓸 수는 있어도 결과를 낳지 못한다. 능력 있는 지식노동자는 언제라도 도망가 버릴 수 있다.

66
잘못된 것을 버리기 > 새로운 것을 잘하기

잘못된 것을 버리기 > 새로운 것을 잘하기

한 가지 이로운 일을 시작하는 것은 한 가지 해로운 일을 제거하는 것만도 못하고, 한 가지 일을 만들어내는 것은 한 가지 일을 줄이는 것에 미치지 못한다.

사람들은 언제나 새 것을 갈구한다. 그러나 새 것을 들여놓기 전에 꼭 해야 할 일이 버리는 것이다. 쓸 수 있는 자원은 언제나 부족하면서 유한하다. 새로운 일을 잘하는 것은 중요하지만, 그보다 더 중요한 것은 그 새로운 일을 하기 앞서 잘못된 일, 할 필요가 없는 일, 하지 말아야 할 일을 먼저 버릴 수 있는 현명함과 용기다.

투자 즉, 새로운 일에 투입할 자원을 확보하기 위해서 기존 업무 가운데 체계적 폐기의 대상을 선택하고 폐기해야 한다.

투자는

기존 업무의 제거 작업에서 출발해야 한다.

67

잘한 것이 무엇인가 > 잘하지 못한 것이 무엇인가

잘한 것이 무엇인가 > 잘하지 못한 것이 무엇인가

조직에서 평가는 잘하지 못한 것이 기준이 될 수 없다. 조직은 협력체이므로 한 사람에게 일방적인 책임을 물을 수도 없거니와 그런 대상은 오직 경영자밖에 없다.

조직에서 일을 제대로 해내지 못했거나 기대했던 성과를 내지 못한 것을 한 개인의 부족함이나 잘못으로 몰기에는 그 원인이 너무 다양하다. 평가는 성과를 기뻐하고 그 성과의 피드백을 통해서 학습하여 다음에는 더 나은 성과를 내는 것이 목적이다.

첫째, 평가의 시작은 평가 받아야 할 사람이
'성과를 잘 낸 것이 무엇인가'하는 질문에서 출발한다.

조직은 구성원들의 강점을 활용해서 성과를 낸다. 조직에서 사람을 뽑을 때 그 사람의 약점에서 기대하는 것은 없다.

둘째, '그렇기에 그 사람이 잘할 수 있는 것은 무엇인가'하는
질문으로 강점을 탐구하고 확인하는 것이다.

셋째, '그런 강점을 더 강화하고 더 나은 성과를 내기 위해
학습 해야 할 것이 무엇인가'하는 질문이다.

덧붙이면, 평가 받아야 할 사람의 부족한 점, 성과를 내지 못한 것 등은 따져보아야 개선하기 어렵다.

만약, 그의 약점이 강점 발휘에 치명적 걸림돌이 된다면
약점을 개선하려고 할 것이 아니라,
그가 강점을 발휘할 수 있도록
기능을 조정해야 한다는 뜻이다.

68

정기적인 피드백Feedback 〉 일회성 점검

정기적인 피드백Feedback 〉 일회성 점검

피드백 없는 목표는 생산성 향상을 위해서는 무관심한 행위다. 나날이 발전하는 상태를 통해서만 목표를 현실로 만들 수 있다. 그것도 정기적으로 계속 이루어져야 하고, 한번의 행사로 끝나서는 향상을 기대할 수 없다. 6개월, 12개월, 18개월 단위로 피드백하는 것이 효과적이다.

피드백 원칙의 기초는 책임이다. 실행한 다음 결과를 검토할 때 다음 질문을 해야 한다.

- 처음에 기대했던 또는 목표로 했던 결과는 무엇인가
- 실제 결과는 무엇인가
- 기대한 목표와 실제 결과가 다른 원인은 무엇인가
- 앞으로 개선, 보완, 폐기해야 할 것은 무엇인가

아무도 관심을 주지 않는 것은 느슨해지는 법이다. 목표와 기대하는 결과를 합의하고 피드백 과정을 가진다는 원칙이 지켜질 때 목표와 결과가 비슷할 수 있는 것이다.

69
정보제공 〉고객서비스

정보제공 〉고객서비스

사람들은 상대가 자기와 다른 행동을 할 때나 자기의 원칙과 기준을 벗어난 경우를 보면 가르치려고 한다. 하지만, 고객을 상대로 이렇게 하는 것은 해롭다. 심지어 나이 어린 고객이라고 해도 절대 그렇게 해서는 안 된다. 인간 본연의 모습은 자기 경험과 자기교육에 바탕을 두고, 스스로 보고 배우고 인식하는 것이 가장 자연스럽다.

고객은 절대 가르쳐야 할 대상이 아니다.

기업이 해야 할 일은 그런 고객들에게 충분한 정보를 제공하는 것에 그쳐야 한다. 그런 정보 제공도 고객의 마음을 편안하게 할 수 있는 방식이어야 한다. 불편하다고 느끼면 고객의 몸과 마음은 멀어지고 그 기업은 고객을 잃게 되고, 고객을 모두 잃게 되면 회사도 함께 사라진다.

소매유통업의 원칙이라고 믿고, 생존비결이라고 인식했던 고객서비스가 바뀌고 있다. 새로운 소매유통업에서는 매장에서 일하는 직원들의 수가 점점 줄어들고 있다.

유통점 상황에서는 비용이 줄어들고, 고객 처지에서는 매장 직원과 만나는 대인관계의 불편함이 제거되고 있다. 이미 온라인 판매점이 이를 증명하고 있다. 온라인 매장에서 서로 얼굴을 보고 대화하는 것은 없다. 확실한 것은 이러한 추세가 소매유통업계가 생존할 수 있는 경쟁력의 핵심이 될 수 있는데, 정보기술과 인공지능기술을 활용하여 완전한 무인점포시대가 현실이 될 것이다. 그 현실은 사회가 보여주는 윤리 수준의 지표가 될 수 있다. 이 모든 활동은 결국 생산성 향상으로 연결되는 일이고, 공급자와 고객에게 그 혜택이 돌아간다.

이제 서비스의 본질은
고객 봉사가 아니라
고객에게 충분한 정보를 제공하는 것이다.

70
제안 > 명령

제안 > 명령

남의 명령을 받기 좋아할 사람은 없다. 인간은 누구나 이고 Ego를 가지고 있다. 명령이 아니라 제안을 받았을 때 자발적 동기가 생겨난다. 명령은 권력이나 권한을 가진 사람이 약자를 상대로 요구하는 기대다. 약자의 처지에서는 그 명령을 거부하게 되면 불이익을 받을 수 있다는 두려움이 생길 수 밖에 없다. 할 수 없이 해야 한다는 마음으로 일하는 것과 하고 싶다는 자발적 동기로 하는 것은 일하는 사람의 자세를 다르게 만든다.

자기가 좋아서 하는 일은
그 결과의 책임이 자신에게 있지만,
시킨 일을 어쩔 수 없이 한다면
그 책임은 시킨 사람에게 있다.

자기 의지와 일치하지 않는 설득은 그 사람이 설득 당했다 하더라도 일시적 상황에 굴복한 인정이다. 강요된 설득은 동의한 것이 아니라, 고개만 끄덕일 뿐이다. 그러므로 이런 인식에서 좋은 성과를 기대하기는 힘들다. 그 부작용의 피해는 전부 시킨 자에게 돌아온다.

71

제품력 > 마케팅 > 영업력

제품력 > 마케팅 > 영업력

제품력은 기술력이 아니다. 고객이 가치 있다고 생각하고 돈을 내는 것은 제품이나 서비스가 아니라 그를 통해 얻는 효용이다. 이것은 기술이라는 것이 그 자체로는 아무런 의미도 없고 그 기술을 활용해서 만들어 내는 효용성을 따져 가치를 평가하는 것과 같다.

마케팅의 출발은 고객이 감동할 수 있는 것이 무엇인가 찾는 것이지, 고객을 설득하는 것이 아니다.

고객을 설득하려는 노력은 영업이다. 설득이라면, 우수한 제품력보다 더 좋은 마케팅 기법은 없다. 고객은 어리석지 않다. 잠시 고객을 속일 수 있겠지만, 오랫동안 고객을 속일 수는 없다.

대만에서 딤섬 Dim sum으로 유명한 기업인 딘타이펑[12]의 창업자 양빙이 '마케팅에 쓸 돈이 있다면 더 좋은 재료를 사는데 쓰라'고 한 것은 고객 만족에 초점을 맞춘 전략이다. 저품질 재료에 마무리도 부족한 제품을 마케팅만으로 성공시키겠다는 것은 사기 詐欺와 다를 바 없다. 2016년 한국에서 옥시 가습기 살균제 판매로 죽은 사람은 공식적으로는 127명이고 계속 늘어나고 있다. 정부에 피해자로 신청된 사람들까지 합하면 464명이나 되는 사람의 목숨을 앗아간 사건이 될 수 있다. 세월호 참사에 버금가는 경악할 일이지만, 그 기업이 쉽사리 죽지는 않는다. 미국에서였다면 아마도 이미 파산했을 것이고 이 회사의 책임자들은 감옥에 갔을 것이다.

제품력이 우수한 것은 마케팅이나 영업도 필요없게 된다. 사용해 본 고객들의 입소문과 SNS로 저절로 알려져 팔리게 된다. 도덕성 없는 비윤리적 기업들이 망할 것이라고 생각하는 것은 섣부른 오해다.

**고객이 있는 한
그 기업이 거짓과 불법을 일삼아도 살아남는다.
사망선고의 결정권은 오직 고객에게 있다.**

---

12. 딘타이펑 Din Dai Fung. 중국식 만두를 파는 대만 딤섬 업체의 이름으로 크고 풍요로운 솥이라는 뜻이다. 대만에서 시작한 딤섬기업이지만 지금은 미국, 일본, 한국에 진출한 글로벌 기업이다.

72
존경받는 리더 〉 인기 있는 리더

존경받는 리더 > 인기 있는 리더

무지한 사람들은 카리스마 Charisma를 내뿜는 리더를 훌륭한 리더 또는 능력 있는 리더라고 여긴다. 21세기인 지금도 여전히 그렇게 믿는 사람들도 있다. 그러나 우리 인류사에서 카리스마를 가진 리더들이 한 일이라고는 수천만의 생명을 가벼이 앗아간 일이 전부다. 히틀러, 스탈린, 모택동이 그들이다. 이들이 권력을 잡았던 기간 동안, 세상은 그야말로 핏물이 강이 될 정도로 많은 사람이 죽었다.

인기 있다는 것은 좋은 사람이라는 말을 듣는 것인데, 좋은 사람이라는 말을 듣기 위해서 의무와 책임을 벗어나는 일도 거절하지 못하면 지치게 되고, 몰입해야 하는 순간에 그의 에너지는 이미 고갈된 상태가 된다. 실제적인 도움을 줄 수 있는 리더는 팀원들의 미흡함에 대하여 분명하게 지적하고 개선과 분발을 요구하는 사람이다.

리더의 일이란 사람들에게서 좋은 사람이라는 말을 듣는 것이 아니다.

그것은 명백히 성과를 내는 사람이고 같이 일하는 구성원들이 성과를 내도록 돕는 일이다. 경영자는 태어나지 않고 만들어진다. 그런 경영자가 반드시 갖추어야 할 것은 인격이다. 인격은 깊이는 있으나 무겁지 않은 것이다. 그런 인격을 가진 리더가 존경 받을 수 있다. '나무는 꼭대기부터 죽는다'는 속담은 경영자의 인격적 결함이 회사 전체를 죽인다는 말이다. 성실성은 정의하기 어렵지만 경영자의 필수조건이며, 성실성을 측정할 수 있는 기준은 책임감이다.

조직 구성원들은 상사의 무능, 무지, 무례 등은 용서할 수 있으나
성실하지 못한 것 즉, 책임감이 없는 것은 용서하지 않는다.

경영자로 자격이 없는 사람은;
- 무엇이 옳은가보다 누가 옳은가를 따지는 것
- 구성원의 강점이 아니라 약점을 보는 것
- 성실성 즉, 책임감이 없는 것

이다. 만약, 자신은 실수나 실패라고는 별로 해본 적이 없는 사람이라고 말한다면 그는 틀림없이 경영자의 자격이 없다.

73
지식 > 정보 > 자료

지식 > 정보 > 자료

지식이 필요한 이유는 그것을 바탕으로 혁신하고 생산성을 높이려는 것이다. 예를 들어 주식 도표의 추세선이나 글자 자체는 단순히 비교 자료일 뿐이다. 그 자료들이 특정 기업의 변화에 관한 것이라는 걸 알았다면 그것은 정보다. 정보는 잘 다듬어진 자료다. 그 정보를 활용해서 그 주식을 살 것인지 팔 것인지 의사결정 할 수 있게 된다.

정보가 지식으로 바뀌는 것은
의사결정의 도구로 사용할 수 있을 때이다.

지금은 자료와 정보가 넘쳐나는 시대다. 만약, 어떤 정보가 가치 있는지 없는지 구별할 수 없다면 기업은 의사결정 할 수 있는 지식을 확보하지 못한 셈이다.

반짝이는 금이 들어가 있는 금광석을 자료라 한다면, 금만 추출한 것은 정보고, 그 금으로 특정 용도에 맞는 최종 상품을 만든 것이 지식이다. 가장 비싼 것은 최종 상품이며, 가장 큰 가치로 재탄생한 것이다.

도서관에 아무리 자료가 많아도, 사람들이 정보로 이해하고 지식노동자의 지식으로 바뀌지 못하면, 한때 그저 냄새 고약한 시커먼 기름 덩이에 불과했던 석유와 같은 처지로 먼지만 수북이 쌓일 뿐이다.

74
지식노동자 > 노동자

지식노동자 > 노동자

노동이란 누구나 가지고 있고, 사용하지 않더라도 날마다 사라지는 자기의 시간 자원을 생산성이라는 가치로 전환한 것이다. 지식노동은 자기의 지식이 자신뿐만 아니라 다른 지식노동자들이나 육체노동자들의 생산성을 높이는 데 공헌하도록 만드는 것이다.

탁월한 지식노동자라 해도 혼자만으로는 고급 부품에 불과하다. 부품이란 혼자서는 아무런 기능도 발휘할 수 없지만, 다른 부품들과 연결되어 한 개의 완제품으로 만들어질 때 놀랄만한 성과를 내는 것이다. 지식노동자는 다른 사람들과 결합하여 그들이 더 우수한 능력을 발휘할 수 있게 돕는다.

육체노동이란 분명히 과거다. 인공지능과 로봇의 대거 등장으로 육체노동은 인간의 손에서 벗어나게 된다. 단순한 육체노동으로 한정하여 평가할 경우 인간의 생산성이 로봇을 능가할 방법은 아무것도 없다. 지식기반 사회에서는 지식노동자 한 사람 한 사람이 모두 개별 경영자이다. 지식노동자란 스스로 목표를 세우고, 그 목표를 달성하고, 그 결과에 책임지는 사람이다. 조직에서 기대하는 성과를 내지 못하는 사람은 해고할 수밖에 없다고 말하면 가혹하고 냉정하다고 느끼겠지만 받아들일 수밖에 없다. 그러나 해고가 자유롭다면 노동자에 대한 법적인 권리도 보장해야 한다. 정부와 국회의 책임은 이런 공정성이 지켜지도록 법을 만들고 그 실행을 확인하는 것이다. 노동 현장에서 합의된 원칙이 이행되지 않을 때는 예외 없이 바로 잡아야 한다.

노동에는 두 가지 기회가 있다. 노동자로 일할 것인가, 지식노동자로 일할 것인가. 경영자도 노동자다. 일을 통해 재화를 확보하고 늘리게 된다. 금융자산은 다르다. 그것은 저절로 수익을 늘린다. 시대가 바뀌어 육체노동자가 가치가 없다는 것이 아니라, 지식노동자의 가치가 급격하게 상승한 것이다. 그렇더라도 육체노동은 과거의 유물이다. 과거를 유지하려는 싸움은 처음부터 이길 가능성이 없다. 20세기만 해도 육체노동자의 수가 월등하게 많았다. 2016년 미국의 노동시장 통계에 따르면, 지식노동자의 숫자가 6천만 명을 넘어 빠르게 증가하고 있는 반면에 단순노동자의 숫자는 정체 상태를 보인다.

경영자라면 회사 구성원 모두가 지식노동자가 될 수 있도록 지원해야 한다. 지식사회에서 회사의 가치란 구성원 각자가 가진 객관적 가치의 합이다. 지식노동자라고 해도 꼭 높은 수준의 기술이나 학력이 필요한 것은 아니다. 고도의 기술이나 고학력은 그런 자격증을 요구하는 조직에 제출하는 증명서로 필요한 것이지, 실제 일을 맡아 성과를 내는 것과는 관련이 없다. 현대 사회에서 그런 학력 증명서의 요구는 의미가 없다.

인간에 대하여 알고, 인간에 대하여 더 깊이 이해하려고 노력하지 않는 경영자는 자격이 없다. 인간답게 행동한다는 것이 무슨 뜻인지는 알아야 리더십을 발휘할 수 있다. 지식노동자는 스스로 책임질 때만 생산적인 노동자가 될 수 있다.

지식노동자의 일이란 중단없는 학습이다.

지식노동자의 목표는 어디서 배울 것인가가 아니라 무엇을 어떻게 배울 것인가로 바뀌었다. 학습에 특정 장소가 필요한 것이 아니라 단지 시간만 확보하면 되는 시대다. 날마다 시간을 정해놓고 집중하여 학습에 투자할 수 있는 사람이라면 학습으로 얻은 유용한 지식과 직간접 경험은 다른 곳이 아니라 바로 자신의 머리와 몸 전체에 저장된다. 별도의 운송비도 없이 그것은 언제 어디로든 가지고 다닐 수 있으며 누가 뺏으려 해도 뺏을 방법이 없다.

평범한 노동자를 지식노동자로 바꾸는 것은 그들의 생존가치를 높이는 것이며, 그들이 자신의 공헌에 초점을 맞추도록 하는 일이다.

지식노동자에게는 일을 완수하는 것보다,
올바른 일을 달성하는 능력이 더 중요하다.

지식노동자가 자기 가치를 높이기 위해 아래와 같이 자문해야 한다.

- 당신이 속한 조직의 목표를 알고 있는가
- 그 목표를 실현하기 위해 무엇을 할 것인가
- 하는 일은 자신의 고유 업무에 도움이 되는가
- 아니면 방해가 되는 것은 무엇인가
- 고유 업무에 필요한 시간, 정보, 수단을 지원받고 있는가
- 당신은 보상에 맞는 공헌을 하고 있는가

경영자가 조직 내 지식노동자에 대하여 알지 못하면 인사부에서는 일의 중요도보다 일의 양에 따라 배치한다. 능력 있고 동기유발이 충실한 사람이라도, 노력하여 성과를 낼 수 없는 자리에 앉게 되면 실패할 수밖에 없다. 자기가 잘 할 수 없는 일을 맡고 있는 지식노동자는 둘이 아니라 셋이 모여도 육체노동자 한 사람이 내는 성과에 미치지 못하게 된다. 그곳에 있는 사람들은 조직이 성과를 내는 데 방해자들이 될 뿐이다.

소속된 직장에 모든 것을 바치지 않으면 정상 자리를 차지하기 어려운 것이 회사고, 직장은 구성원을 평생 보호해 줄 수도 없다. 지식노동자는 일하지 않는 시간을 최대한 활용하여 다른 세계에 관심을 가지고 투자해야 한다. 빈둥거리기는 쉬워도 남은 시간을 효과적으로 활용하는 것은 어렵다.

75

지식노동자 | 파트너 〉 피고용자 | 직원

지식노동자 | 파트너 > 피고용자 | 직원

인간은 인류역사상 처음으로 개인의 수명이 조직의 수명보다 긴 시대에 진입했다. 그렇기에 이 부등식은 말할 필요도 없는 말이라고 여길 만큼 명확하다. 그런데 이 말의 핵심은 경영자는 자기 고용자이면서 직원들을 피고용자 상태가 아닌 고용자로 육성하고 대우해야 한다는 것이다. 그렇게 할 수 있는 방법은 직원들을 '지식노동자'로 바꾸는 것이다.

지식노동자는 직장상실의 위험이 없는 한,
또는 위험이 있어도 획득할 수 있는
성과나 결과가 더 크다면
이동하는 사람들이다.

그러나, 이렇게 희소한 자원 즉, 지식노동자들이 이동할 수 있을 때 사회 전체는 선순환의 형태를 가질 수 있다.

육체노동자는 주어진 일을 제대로 완수하는 능력으로 효율성을 중시하고, 지식노동자는 일하기 전에, 어떤 일을 할 것인지를 먼저 결정하는 목표달성능력을 가진 사람으로 효과성을 따진다. 사람들에게 지식을 가르칠 수는 없다. 그러나 지식을 배울 수는 있다. 지식노동자란 독립 경영자이고, 경영자란 지식의 적용과 성과에 책임지는 사람이다.

이제는 어떤 직업을 가질까 생각할 것이 아니라, 평생 어떤 일을 하고 살 것인가를 생각해야 한다. 그리고 그 평생이 이제는 60년이 아니라 80년이다. 체력이 허락하는 한 80세까지 일할 수 있게 되었다. 평균 25세부터 사회생활을 시작한다고 했을 때 80세까지면 55년을 일하게 된다. 55년간 한 가지 일만 붙들고 할 수도 있겠지만, 나이에 따라 잘할 수 있는 일이 있다. 지식노동자는 40을 기점으로 어떤 일을 계속 할 것인지 부단히 연구하고 준비하여 제2, 제3의 인생경력을 개발해야 한다.

지식노동자 시대에 한 가지 일로 평생을 보내기도 어렵거니와, 무엇보다 더 길어진 수명과 사회가 그런 상황을 받아들이지 못한다. 그러니 평소에 자기가 가진 시간과 강점 일부는 맞이해야 할 제2의 세계를 위해 투자해야 한다.

지난 반세기 동안 지식노동자의 숫자는 급격히 증가하고 있고, 육체노동자의 기회는 점점 줄어들고 있다. 기계는 더욱 고도로 진화하고 있는 데다 인공지능 AI의 발전으로 인간과 유사한 형태로 인간만이 할 수 있었던 일들을 하나 둘씩 가져가고 있다. 생산현장과 집안일에서 로봇의 도입이 더 늘고 있는 것은 분명히 육체노동자의 일거리는 점점 줄어들 수밖에 없다는 것이다. 무엇보다도 인간의 생산성이 기계를 따라가지 못한다. 그러나 지식노동자의 수요는 더욱 늘어날 수밖에 없다. 반도체만 하더라도 반도체의 개발과 생산에서 생산 자체에 필요한 자원은 전체가치의 17%를 밑돈다. 비용 대부분은 반도체의 연구, 개발, 설계를 담당하고 있는 지식노동자들에 대한 비용이다.

공장자동화가 가져오는 영향은 저임금에 의존하는 산업구조를 순식간에 바꾸어 버릴 것이다. 노동집약산업에서 총원가에서 인건비가 차지하는 비율이 점점 낮아지고 있다. 자동화로 빚어지는 또 다른 변화는 인건비의 경쟁우위가 사라짐에 따라, 고객이 있는 시장에서 직접 생산하게 되는 비중이 높아진다는 것이다. 이제는 탄소발자국 Carbon Footprint를 줄이는 기업이 경쟁에서 살아남는다.

누군가 당신에게 '뭐하십니까'라고 물었을 때 어떤 회사 이름을 대면서 이 회사에 다니고 있다고 말한다면 당신은 여전히 과거 사람이다. 그런 질문에, '저는 학생들을 가르치는 일을 합니다'라고 말할 수 있다면 그때야 개별적인 지식노동자라는 것을 인식한 것이다.

지식노동자의 과업이 더욱 복잡해짐에 따라 팀이 같이 움직일 때 성과를 낼 수 있다. 흔히 스타는 어디를 가도 탁월한 성과를 낸다고 생각하지만, 실제는 다르다. 언제 어디서나 놀라운 성과를 내는 만능 슈퍼맨이란 없다. 어떤 조직이 지식노동자로 가득하다는 증거는, 조직 내 상하관계가 없는 경우뿐이다. 회장이나 사장, 부장 등의 계층과 직위는 더 단순할수록 좋고 기능을 대표하는 대표성과 책임 말고는 없어져야 한다.

기업 소유주와 직원은 절대 같을 수 없다고 말하며, 어떤 대우를 해주어도 직원은 직원에 그친다고 말하는 경영자들이 많다. 아마 기업 소유주 대부분이 이런 말에 동의할 것이다. 그런데 나는 생각이 다르다. 기업가는 직원을 더는 직원으로 대우해서는 안 된다. 그렇게 하고 싶어도 할 수 없는 시대가 왔다.

희소한 자원인 인재들은 언제나 자신들이 원하는 직장이나 직업을 선택할 수 있는 능력을 갖추고 있다. 생산수단은 그들의 머릿속에 그리고 몸에 있다. 평범한 직원이라도 비범한 성과를 낼 수 있도록 이끄는 것이 경영자다. 직원들을 단순 노동자가 아니라 지식노동자로 그리고 성공적인 결과를 만들어 내는 파트너로 인식할 때 그 기업은 생존율이 높아진다.

76
직접부문 > 간접부문

직접부문 > 간접부문

객관적인 성과평가가 필요 없이 자리가 보장되는 비정상 조직일수록 간접부문이 비대해지는 경향을 볼 수 있다. 직접부문보다 간접부문이 훨씬 많다면 그 조직은 이미 만성 비만에 걸린 상태고 머지않아 고혈압과 당뇨로 망가질 것이다.

기업 내 간접부문은 중요도가 높은 장기적인 일에 몰두하도록 해야 한다. 중요하지만 단기적인 문제는 임시 업무로 처리할 수 있고, 팀을 구성하여 처리하고 난 다음 해체하면 된다.

간접부분의 존재의미와 기능은 명확하다. 그것은 직접부문에서 일하는 사람들의 성과를 높일 수 있도록 도와주는 일이다. 그들을 관리하거나 감독하는 것이 아니다. 간접부문이 제대로 관리되지 않으면 현업에 있는 사람들의 시간을 허비하게 한다.

이런 간접부문의 생산성을 높이는
오직 한 가지 방법은
그들에게 구체적인 목표를 정해주는 것이다.

그래도 생산성에 변화가 없고 조직 전체가 성과를 내는 데 방해가 되거나, 할 필요 없는 일에 시간을 허비하게 한다면, 남은 대안은 간접부문이 가진 기능을 아웃소싱 Outsourcing하는 것이다.

아웃소싱의 원칙은 아웃소싱 파트너를 고른 뒤;
- 그들은 무엇을 하고 싶어 하는가
- 그들의 목적은 무엇인가
- 그들의 가치는 무엇인가
- 그들의 스타일은 어떠한가

라는 질문에서 시작한다. 우리 조직이 무엇을 하고 싶어 하는가로 시작해서는 안 된다.

아웃소싱업체에게 명령할 수 없고, 명령은 통하지 않는다.
그들은 파트너이자 오히려 고객의 위치에 있어야 한다.

간접부문이 직접부문을 통제하도록 해서는 안 된다. 조직에서 직접부문은 제품력, 마케팅, 그리고 영업을 맡은 자원들이다. 간접부문의 자원은 최소한으로 가져가야 한다. 간접부문에서 일을 벌이는 것은 모두 직접부문이 하던 일을 폐기하고 간접부문의 요구에 대응하도록 만드는 것이다. 이는 미래기회에 투입하고 있는 자원을 오늘 낭비하는 것이다. 대표적인 경우가 관리를 위한 관리와 간접부분의 성과 생색을 위한 각종 프로그램이다. 책임이 따르지 않는 권한은 언제나 썩기 마련이다.

간접부문의 생산성은 구체적인 목표를 정할 때 측정할 수 있고, 이것은 기한을 정하여 실행해야 한다. 경영자는 간접부문 책임자를 정기적으로 불러서, 최소 6개월 단위-피터 드러커는 3년 단위라고 했으나 지금은 변화 속도가 점점 빨라지고 있다-그 동안 어떤 공헌을 했는지 물어야 한다. 그리고 그 공헌은 반드시 측정 가능해야 함은 물론이다. 막연한 목표는 성과로 연결될 수 없다.

간접부문에서 일할 사람은 직접 부분 즉, 현업에서 성과를 낸 경험이 있는 사람으로 해야 한다. 그런 경험이 없다면 간접부문에서 내는 아이디어는 현업에서 신뢰하지 못하며 환영받기 어렵다.

77

징후 | 현상 > 질병 | 문제

징후 | 현상 > 질병 | 문제

아플 때는 만성질환인지 일시적 통증인지를 구분할 수 있어야 한다. 그에 따라 처방과 처치가 달라진다. 가장 훌륭한 의사는 치료를 잘하는 의사라기보다는 할 필요 없는 치료나 수술을 하지 않는 의사다. 의사결정이 정말 필요한지 시간을 투자하여 조사한 뒤에 그것이 징후인지 질병인지 구분할 수 있다.

의사결정에 만장일치를 요구하고,
만장일치가 쉽사리 이루어지는 안건은
의사결정 자체가 필요 없는 것이다.

또 다른 반대의견이 있을 때 논의 가치가 있는 것이다. 다른 의견을 폭넓게, 편견 없이 받아들일 때 판단 오류를 줄일 수 있고, 더욱 혁신적인 아이디어가 등장한다.

표면적인 문제는 문제라기보다는 현상이다. 문제와 마주하였을 때 우리가 정말 알아야 할 것은 진짜 풀어야 할 문제가 무엇인가 아는 것이다. 자동차 제조회사가 고객에게서 브레이크가 잘 작동하지 않는다는 불만을 들었다면 그 원인이 브레이크 페달에 있는 것인가. 브레이크 페달이 문제라고 하면, 브레이크 페달의 무엇이 문제인가, 재질이 문제인가, 모양이 문제인가, 장착된 위치가 문제인가, 공급과정의 문제인가 하는 여러 가지를 표면적인 원인으로 볼 수 있는데, 초점을 좁혀서 근본 원인을 찾는 것이 진짜 문제를 발견하는 과정이다. 그리고 근본 원인이 외부가 아니라 조직 내부의 프로세스나 정책 때문일 수도 있다.

그 다음 정말 문제를 찾았다면 근본적인 해결책, 그런 일이 재발하지 않게 하는 방안을 마련하고 시뮬레이션 Simulation해보는 것이다. 문제해결은 새로운 실천 시스템을 구축하는 것까지 해야만 해결된 상태다.

한때 토요타는 계속되는 리콜 Recall에 어디서부터 손을 써야 할 지 몰랐던 적이 있다. 처음에는 납품업체들이 매뉴얼을 지키지 않았다고 생각하고 부품 납품업체로 원인을 돌렸다. 그러나 토요타 사태의 근본적인 원인은 다른 곳에서 드러났다. 바로 토요타의 지나친 원가절감 요구가 진짜 원인이었다. 토요타가 계속 원가절감을 요구하자 납품업체들은 납기 및 공급가를 맞추기 위해 어쩔 수 없이 출하검사 절차를 생략하기 시작했다. 품질이 떨어지면서 불량품이 나오게 된 것이다.

훌륭한 경영자란 진단 뒤 수술에 능숙한 사람이 아니라,

문제의 근본 원인을 알아내어,

할 수 있다면 수술하지 않고도

문제를 해결할 수 있는 의사와 같은 사람이다.

78
책임공유 > 권한위임

책임공유 > 권한위임

책임은 위임할 수 없고 공유할 수 있을 뿐이다. 권한은 위임의 형태를 가질 수는 있어도 권한과 책임은 활과 화살의 관계라 따로 둘 수 없는 것이며, 조직에서 경영자는 조직의 모든 행동과 결과에 책임을 지는 사람이다.

그런 고유 권한을 다른 사람에게 위임하는 이유는 책임을 넘기는 것이 아니라, 일을 더 잘하기 위한 것이며, 책임을 공유하겠다는 인식의 표현으로 성과를 내기 위한 선택이다.

경영자의 권한 위임은
그가 공유하려는 일을 가장 잘할 수 있는 사람에게 넘기는 것이고,
그 결과를 책임지겠다는 의사결정이다.

따라서 권한을 위임한 것이 일의 성과에 따라 경영자가 생색을 내거나 변명거리가 될 수 없다. 권한을 위임받은 사람들은 경영자의 책임이 바탕에 있다고 믿을 수 있을 때 해야 할 일을 할 수 있는 동기를 갖게 된다. 높이를 알 수 없는 절벽에서 낙하산도 없이 머뭇거리지 않고 뛰어 내릴 수 있는 사람은 없다. 책임공유는 구성원들의 생산적 활동 동기다.

79

체계적 폐기 〉 혁신 | 포기, 개선. 발전

체계적 폐기 〉 혁신 | 포기, 개선. 발전

포기는 소극적 실행이고 폐기는 적극적 실행이다. 한국에서는 '할 수 있다'는 군인정신으로 '실패해도 될 때까지'라는 구호가 흔했다. 실패해도 반복할 수 있고, 반복해야 하는 일이 있다. 위대한 발명들은 그 발명가들의 끈기와 인내심, 거듭되는 실패에도 포기하지 않고 완벽한 것을 만들겠다는 노력의 산물이다.

기업이 신제품을 시장에 내놓았는데 고객 반응이 시큰둥하여 판매하지 못하고 있을 때, 그 제품을 개발한 팀과 그것에 애착을 가진 사장은 투자한 시간과 개발 비용이 아깝다고, 더 적극적으로 마케팅하면 고객이 확보될 것이라고 믿고, 이미 실패한 모델에 자원을 추가로 투입한다. 이처럼 어리석은 의사결정도 없다. 이런 일이 1970년대 GM에서 있었던 모델 에드의 실패 경우다.

시체의 부패를 막기 위해
자원을 쓰는 것보다
더 비용이 드는 것도,
더 어려운 것도 없다.

경영자로 적절한 시기에 폐기할 수 있는 결단력을 가진 사람이야말로 리더다. 다음 세 가지가 폐기 대상이다.

- 경쟁에서 패한 것
- 낡은 것
- 생산성이 낮은 것

자연은 자연스럽게 정리하고 폐기하지만, 인간은 의식적으로 폐기작업을 할 수 있을 때 생산적인 삶을 경영할 수 있다. 죽은 자가 묻혀야 부활이 시작된다. 정리와 폐기는 피드백 Feedback으로 방향을 잡는 게 효과적이며 효율적이다. 삶도 단순할수록 효율성이 높아진다. 복잡한 것을 피하려면 소유를 줄여야 한다. 소유는 시간이 필요하므로 반드시 비용을 동반한다.

폐기는 생각이 아니라 행동이며
관성慣性과 반대이므로,
반드시 결단과 용기가 필요하다.

배설은 몸에서 자연스럽게 되지만, 정신적, 물리적 삶의 폐기는 마음과 타협해야 한다.

1년 동안이나 사용하지 않았던 물건, 연락하지 않고 지냈던 관계는 폐기해도 무방하다. 그런 인간관계에서는 당신이 폐기하지 않아도 상대가 당신을 폐기했다고 생각하면 된다. 당신은 그 사람의 인생에서 없어도 되는 존재고, 동시에 그 사람은 당신의 인생에서 없어도 된다는 것이 입증된 셈이다. 이렇게 폐기해도 두려워할 필요가 없는 것은,

인간관계란 계속되기 보다는
깨지는 것이며,
서로의 필요성이 생기면
저절로 다시 연결되는 법이다.

미래를 알 수 없는 인생과 경영에서 두려움을 폐기하지 못하면 비상할 수 없고, 비상하지 못하면 자유를 획득할 수 없다. 중력을 극복할 수 없는 우주선은 지구 대기권을 벗어날 수 없다. 그 우주선은 연료의 분사와 부속품의 폐기를 통해 지구를 탈출한다. 스스로 폐기하지 못하고, 경쟁자에 의해서 내 것이 낡은 것으로 될 때를 기다리면 이미 타이밍 Timing 을 놓친 것이다.

80
투자投資 > 투기投機

투자投資 > 투기投機

개인의 이익과 행복은 중요하다. 사회를 벗어난 개인은 존재할 수 없고 우리는 모두 그 생태계의 구성원으로 건강한 일부가 되어야 한다. 우리가 속해 있는 사회가 건강할 때 우리 각자도 건강한 삶을 누릴 수 있는 기회가 많아 진다.

투자는 더 나은 사회를 위한
장기적 발상이고,
투기는 자기 이익에 초점을 맞춘
단기적 행동이다.

투자는 위험을 의도적으로 받아들이고 혁신과 생산성 확대의 기회를 넓히는 사회적 선순환 활동인 반면, 투기는 불확실성의 위험을 무릅쓰고 돈벌이의 증폭에만 관심을 가지는 비생산적 행위다. 투기의 전형적인 보기로 인간생활의 필수요소인 집이 투자가 아닌 투기 대상이 되어버린 사회에서는 언제나 피해자가 존재한다.

투자는 언제나 투기보다 앞서야 하며 그 투자에 대해서는 위험이나 추후 보상이 합당해야 한다. 그런 동기유발 요소가 풍부할수록 투자는 많이 일어난다. 투자는 사회가 적극적으로 만들어 내는 산소지만 투기는 사회에 흘러 들어오는 일산화탄소다. 득보다는 실이 많다. 투자는 새로운 일자리 창출의 원동력이 될 수 있지만, 투기는 각 개인의 안정된 삶의 균형을 파괴할 수 있다. 투기가 극성을 부리면, 절대 내려가는 법이 없이 올라가기만 하는 물가가 더욱 오르고 어려운 사람들에게는 북풍이 몰아친다.

그러나 기업에게 환율변동은 경영의 큰 변수로 작용하기에, 불가피하게 환율변화에 대응하는 방안을 수용해야 한다. 이 것이 투기인 것은 분명하지만 이것조차 하지 않으면 투기보다 더 큰 위험에 처할 수 있다. 다만 그런 대응방안을 정기적으로 관리하여 그 자체가 전형적인 투기로 바뀌는 것을 막을 수 있도록 하고, 그 정도 수준에서 그쳐야 한다.

81
평범, 끈기 있는 사람 > 비범, 끈기 없는 사람

평범, 끈기 있는 사람 > 비범, 끈기 없는 사람

사람들은 천재를 부러워한다. 그런데 조직에서 성과를 내는 사람들은 그런 천재들보다는 오히려 평범하지만 끈기 있는 사람들이다. 경영자의 역할이 평범한 사람들이 비범한 성과를 내도록 이끄는 것이라고 한 것은 비범한 인재란 희소한 자원이며, 그런 희소자원을 충분히 확보할 방법은 많지 않다.

평범한 사람이라도
인내심과 끈기를 가지고
포기하지 않는 습관을 지닌 사람이라면
마침내 탁월한 성과를 낼 수 있다.

이들을 위해서 단기간 성과가 나쁘다고 해고하거나 개발기회를 포기할 것이 아니라, 실패를 과정으로 받아들이고 조직에서 무엇을 제공해야 할지를 생각하는 원칙을 지켜야 한다.

낙하산이 펴지지 않을 확률이 무시할 수준이 아니라면 무작정 절벽에서 뛰어내릴 사람은 없다. 노벨상을 탄 사람들은 천재라기보다는 인내심과 끈기를 가진 평범한 사람들이 대부분이다. 만약 모든 기업이 비범한 사람들, 소위 인재들을 확보할 수 있다면 망하는 기업은 없을지도 모른다. 그런데 흔치 않기 때문에 그런 최고급 인재들을 확보할 수 있는 여력이나 매력을 지닌 기업들이 인재를 독점하게 된다. 비범한 사람이라 해도 혼자서 세상을 바꿀 수 있는 사람은 없다. 수많은 사람의 협력과 도움 없이는 큰 성과를 만들어 낼 수 없는 존재가 인간이다.

벤처기업이나 중소기업들이 해야 하는 일은 오히려 그런 특급 인재들을 확보하려고 애쓰기 보다는 평범한 사람들이 비범한 성과를 낼 수 있는 경영자의 리더십을 확보하고 시스템을 구축하는 것이 유리하다.

흔히 반도체라고 불리는 이 현대 산업의 필수품은 그 재료가 모래다. 모래는 금과 비교할 수 없을 정도로 흔하고 값도 싸다. 이런 모래를 원료로 반도체를 만드는 순간 그 가격은 금보다 비싸게 된다. 이것이 평범한 구성원들을 지식노동자로 이끌 때 경영자의 기능이 발휘되는 모습이고 리더십이다.

82
품질 > 가격

품질 > 가격

기업이 성장하지 못하면 내부비용을 줄여야 하고, 새로운 기회에 투자할 수 있는 자원도 확보할 수 없다. 그때는 정체 상태로 머무를 수도 없거니와 오히려 퇴보하게 된다. 따라서 성장하지 못한다는 것은 생산성 향상이 없다는 말이고 죽어간다는 말이다.

시장에서 경쟁력이란 곧 생산성이고, 성장의 원동력이다.

생산성을 비용과 수익의 대비로 생각하고 저가제품으로 대응하려는 기업들도 흔하다. 그러나 저가제품이라고 해서 품질이 나빠도 고객이 받아들인다는 것은 아니다. 제품은 가격과 품질이 비례하지 않는다. 품질은 가격과 관계없이 모든 제품이 가져야 할 의무와 같은 것이다. 싼 제품은 싸도 되는 제품이기에 구매한다. 이를 테면, 플라스틱 수저나 그릇을 사는 사람들은 일회용으로 생각하고 사는 것이지 오래 사용할 목적으로 사지 않는다. 만약, 식당에서 그런 플라스틱 소재로 만든 수저나 그릇을 사용하는 곳이라면 자리에 앉기도 앞서 서둘러 그 식당을 나오는 것이 현명하다. 그런 식당이라면 음식재료조차도 고객의 건강을 생각하기보다는 식당의 수익을 우선하는 곳이다.

기업에서 생산성을 측정할 수 있는 유일한 방법은
제품과 서비스의 품질이다.

기업의 눈으로 보기에는 이상한 고객일지 몰라도 비합리적인 고객은 존재하지 않는다. 고객이 사는 것은 제품이 아니다. 그들의 욕구를 채워주는 만족을 사고 그것을 가치라고 부른다. 기업은 가치를 생산할 수 없다. 그것은 고객이 결정하는 것이다. 품질을 가치라고 여기는 것은 자칫 쓸데없는 비용 증가를 가져올 수 있다. 복사기를 사는 고객은 복사라는 기능이 필요한 것이다. 그들은 복사비용을 지급할 뿐이다.

경영자가 놓치지 말아야 하는 것은 겉으로 보이는 것이 아니라,
드러나지 않아 보이지 않는 본질이다.

83

플랫폼Platform 확보 > 다양한 모델

플랫폼Platform 확보 > 다양한 모델

플랫폼은 역에서 승하차 공간을 뜻하는 것에서 시작되어 그 의미가 확장된 용어다.

플랫폼이란
고객과 고객가치를 힘들이지 않고 확장할 수 있는 기반이다.

혁신할 기회를 많이 가질 수 있는 것이 플랫폼이다. 플랫폼은 마케팅의 기능을 뚜렷하게 발휘할 수 있는 토대다. 열차를 타기 위해 승강장에 들어선 사람들은 확보된 고객들이다. 여기서 고객이 가치 있게 생각하는 추가 서비스를 제공하기는 매우 쉽다.

지금은 미미한 존재로 남았지만, 1880년 창업한 영상 솔루션 기업인 코닥 Kodak은 1900년에 카메라 제조, 필름 제조, 현상 서비스까지 포함한 비즈니스 플랫폼 사업으로 성공했던 기업이다.

아마존 Amazon은 전자상거래 공간이라는 플랫폼을 대규모로 만들어 놓았다. 끊임없이 고객은 늘어나고 있다. 구글 Google, 페이스북 Facebook, 애플 Apple 같은 글로벌 대기업들은 모두 플랫폼 사업으로 비즈니스 모델을 확장하고 있다. 그들은 개별 전자제품이나 소프트웨어 상품을 팔거나, 서비스를 제공하는 단순한 기업이 아니다. 대규모 플랫폼을 만들어 고객을 지속해서 유지하고 확보하는 것이 사업이다. 1998년에 설립되어 전 세계 시장에서 9천5백만 명 이상의 가입자를 확보하고 있는 넷플릭스 Netflix는 동영상 비디오의 플랫폼 사업자다. 1971년에 설립되어 미국 고객운송 항공사 가운데 탁월한 성과를 내고 있는 사우스웨스트 Southwest 항공사는 2016년 말을 기준으로 723대의 보잉 Boeing 737 시리즈 항공기만 사용하고 있다. 이것은 항공기의 구매부터 조종사 채용과 훈련, 안전과 정비에 이르기까지 가장 효율적인 원 플랫폼 전략을 구사한 것이다. 이런 모든 기업의 사업모델은 '플랫폼 건설'이다.

직장생활을 시작하면서 어떤 회사에 들어갈까 하는 것보다, '평생 일할 수 있는 지식노동자로 살겠다'는 생각이 개인 플랫폼 디자인의 시발점이다.

84

하지 않아도 될 일을 아는 것 > 일을 잘하는 것

하지 않아도 될 일을 아는 것 > 일을 잘하는 것

애플의 부활은 스티브 잡스 Steve Jobs가 복귀한 것 자체가 아니라, 그가 복귀한 뒤에 바로 행동으로 옮긴 것들로 일어난 사건이다. 그 가운데 가장 중요했던 일은 많은 프로젝트들을 단 네 가지로 모아서 선택하고, 나머지는 모두 폐기한 것이다. 이를 통해 자원을 집중하고 직원들은 선정한 프로젝트 성공에만 초점을 맞출 수 있었다.

스티브 잡스는
애플이 당장 잘하는 것에 집중해야 한다는 것은 알고 있었지만,
그보다 더 중요한 일
즉, 하지 말아야 할 일과 하지 않아도 될 일을 먼저 폐기하였다.

한때 모바일폰 시장을 주도했던 노키아 Nokia는 제품 모델만 수십 가지를 만들어냈다. 그러나 애플의 원 플랫폼 전략의 가치를 깨닫고 애플의 제품 전략을 모방하기 시작했다. 그러나 거기서 멈추었다. 고객 중심의 혁신은 깨닫지 못했던 것이다. 그 뒤 여러 경쟁사들 역시 애플의 원 플랫폼 전략을 모방했지만, 애플은 고객이 감동할 수 있는 소프트웨어 생태계 生態系를 만드는 일에도 전력투구하였다. 그것은 애플의 최고 강점이기도 하다. 하드웨어란 그 자체가 가진 물리적 한계 때문에 모든 고객을 만족시키기 어렵다. 애플이 iOS라는 독자적인 소프트웨어를 포기하지 않고 끝까지 유지하며 업데이트 Update를 지속하는 것은 개발능력에 자유를 담고 싶었기 때문이고, 하드웨어가 피할 수 없는 한계를 소프트웨어로 벗어나기 위한 것이다.

다른 스마트폰 제작사들은 구글이 제공하는 안드로이드에 매달려 있을 수밖에 없다. 구글은 옛날 IBM이 택했던 개방 플랫폼 Open Platform 전략을 구사하고 있지만, 구글에서 제공하는 안드로이드 Android를 기반으로 변형하여 적용하고 있는 기업들은 시한부 소프트웨어를 사용하고 있는 셈이다. 이들은 아무리 잘해도 안드로이드를 사용하는 한 구글의 손아귀에서 벗어나기 어렵다.

85
현금흐름 > 이익창출

현금흐름 > 이익창출

현금흐름은 이익을 만들어 내는 것보다 중요하다. 현금흐름에 위험신호가 커지면 미래에 이익창출 가능성이 높아진다 해도 예측이기 때문에 단기적인 위험에 빠지게 된다. 그런데 이 위험이 현금흐름에서 감수할 수 있는 수준을 넘어서거나 경영진들이 두려움에 빠진다면 미래 이익창출 사업을 매각할 수밖에 없는 결정을 내리게 된다. 미래에 이익이 실현되기도 전에 현금 부족으로 사망할 수 있다. 현금 수요는 어려운 예측이 아니므로 미리 대비할 수 있다.

실제는 절대 변하지 않는 것이다. 그렇지만 사람들은 실제를 잘 보지 못하고 현상만 보고 판단하게 된다. 그것으로 오해와 실수를 반복하게 된다.
맞출 수 있었다.

경영의 실제는
현금흐름이고 현상은 이익창출이다.

이것은 인간에 대한 인식도 마찬가지다. 학력이나 학벌은 현상에 불과하고 능력과 실력이야말로 실제이다.

86
해야 할 일 〉 하면 좋은 일 〉 하고 싶은 일

해야 할 일 〉 하면 좋은 일 〉 하고 싶은 일

이 세 가지는 시간 자원을 투입해야 하는 순서다. 많은 사람이 혼란스러워하는데, 그것은 사회적 리더로 이름이 알려진 사람들이 한결같이 하는 말로 '당신이 하고 싶은 일을 하세요'라는 것이다. 어쩌면 위 부등식의 순서가 거꾸로 되어야 한다. 그러나 하고 싶은 일을 하는 것은 의무가 아니라 전략적 선택이다.

시장은 선의의 경쟁을 하는 것이 아니라, 자본주의의 극단적 모습으로 돈의 욕망만을 좇는 이익 집단들이 행동의 옳고 그름도 가리지 않는 투쟁 장소가 되고 있으며 시간이 흐를수록 부의 쏠림 현상은 증가하고 있다.

선한 사람들의
많은 고통과 희생이 있고 나서야 세상은 좋아지는 법이다.

이런 세상에서 생존하려면 하고 싶은 일을 마음대로 할 수 있는 자원을 확보해야 하는데, 그 비결은 바로 '해야 할 일'을 먼저 하는 것이다.

만약, 당신에게 두 가지 일이 맡겨졌을 때 당신이 동시에 할 수 없는 일들이라면 어떻게 하겠는가. 이때 생각해야 할 것은 하고 싶은 일이 아니라, 해야 할 일이 무엇인지 판단하는 것이다. 사람들은 언제나 즐겁고 신나는 일을 하며 살고 싶지만, 해야 할 일이 꼭 그런 것만은 아니다. 물론, 하고 싶은 일은 오랫동안 할 수 있는 동기를 준다. 그렇더라도 하고 싶은 일만 그렇다고 말할 수 없다.

만약, 자신이 하고 싶은 일만 하기를 기다린다면, 그런 기회를 언제 얻게 될지 모르며 그 동안 귀중한 시간 자원은 사라진다. 따라서, 지금 얻은 기회가 있고 그 일이 바른 일이라면 간절히 하고 싶다는 욕구와 상관없이 그것으로 성과를 내기 위해 일에 집중해야 한다. 그러나 여유시간이 생기면 평생 하려는 새로운 일을 찾고, 진정으로 원하는 것을 위해 시간을 써야 한다. 원하는 일이 있을 때는 3개월간 집중해본다. 3개월이 지나도 조금이라도 성과의 변화가 없으며 지루하고 재미가 없다면 그것은 폐기하는 것이 현명하다.

87
해결책 > 경쟁자

해결책 > 경쟁자

세상 모든 것은 연결되어 있다. 국경은 지도에 있을 뿐이지, 고객 욕구가 있는 곳을 찾는 기업이 넘지 못할 국경은 없다. 산업간 경계는 이미 허물어졌거나 점점 사라지고 있다. 은행의 경쟁자는 은행만이 아니다.

이제 경쟁자란 없고
더 나은 해결책만 있을 뿐이다.

여전히 경쟁에 초점을 맞춘 회사는 과거라는 유물과 공존하려는 것이지, 미래라는 기회에 발을 담고 있는 것이 아니다.

고객들은 경험을 바탕으로 기존 공급자에 몰입되어 있다. 아이폰iPhone이나 갤럭시 Galaxy를 수년간 사용한 고객들은 그 제품에 이미 익숙해졌기에 다른 제품으로 바꾸려는 욕구가 적다. 고객을 붙잡아 두는 것은 사용자 경험이다. 경쟁사를 이기겠다는 것을 목표로 삼고 전력투구하는 것은 전장 戰場 밖에서 고함을 지르는 것과 같다. 만족하게 해야 할 대상은 고객이지 경쟁사가 아니다.

88
행동 > 계획

행동 > 계획

모든 것이 완벽할 때까지 움직이지 않겠다는 것은 하지 않겠다는 것과 다를 바 없다. 역사는 언제나 진보가 앞에서 이끄는 것이다. 보수가 역사를 더 나은 방향으로 바꾸었다는 것은 들어 본 적이 없다. 계획은 행동이 뒤따를 때만 생명을 얻는 법이다. 행동 없는 계획은 그저 즐거운 상상의 결과로 만족할 뿐이다.

Just do it!
해봐! (해보기나 했어)

아무리 철저한 계획이라도 날마다 등장하는 변수까지 예상할 수 없다. 계획 자체가 미래를 알 수 없기에 세우는 것이다. 계획이란 언제나 실제보다 낙관적인 것이므로 행동을 통해 모르던 것들이 드러나고 피드백을 통해 개선하면서 나아지는 것이고 목표에 이르게 된다. 해보지 않고 알 수 있는 것은 산수 算數처럼 너무도 명백한 것이다. 그러나 대부분의 계획은 지금은 그 결과가 어떻게 될 지 알 수 없는 목표를 추구하기에 가치가 높은 것이다.

경영자가 구성원으로부터 어떤 과제를 6개월 내 20만불의 자금 투입으로 달성할 수 있는 일이라고 보고받았지만, 그가 현명한 경영자라면 겉으로 말하지는 않더라도 그것이 12개월이나 심지어 24개월이라도 걸릴 수 있는 일이고, 자금도 그 두 배인 40만 불이나 네 배인 80만 불도 필요한 일이 될 수 있다고 인식하고 있어야 한다. 처음부터 이렇게 생각하고 시작하면 예상을 빗나간 일정과 성과를 보이더라도 당황하지 않는다. 경영자는 이미 플랜B를 처음부터 가지고 있었기 때문이다.

계획은 언제나 추가를 요구하는 법이다.
현실에서 이상적인 계획대로 되는 일이란 별로 없다.

경영자가 보고 받은 대로 일이 진행되지는 않을 것이라는 인식을 처음부터 가지고 있는 상태에서는 계획대로 되지 않아도 책임자들을 나무랄 필요가 없다. 그보다 그런 일이 생기면, 자신이 무엇을 해야 늦어진 일정을 당기는 것과 미흡한 예상 성과를 높일 수 있는지 물어야 한다.

89
효과성 > 효율성

효과성 > 효율성

효율이란 원가에 초점을 맞추어 기존에 하던 일을 더 잘하려는 것이다. 문제에 초점을 맞추어 개선, 발전시켜 보려는 노력인데, 이것은 기회에 초점을 맞추어 목표달성 능력을 높이는 것이 본질이다. 기회에 초점을 맞춘다는 것은 혁신 활동에 자원을 투입하는 것이다. 평범한 결과를 만들어 내는 것만으로는 미래를 위한 투자자원을 확보하기 어렵다. 따라서 비범한 성과를 만들어 내기 위하여 전략계획을 어떻게 수립해야 하는가, 기업이 가진 자원과 노력을 어디에 어떻게 나눌 것인가 생각해야 한다.

새로운 기술의 출현, 시장 환경과 고객이 변하였음에도 기존 사업을 더 잘하겠다는 의지만으로는 시대에 뒤처진 제조업이나 서비스업은 살아남을 수 없다.

효율은 시간과의 싸움이다. 일을 잘하는 것과 올바르게 하는 것은 필요하다. 그것은 성공한 뒤 기업이 살아남기 위한 최소필요조건으로 만족해야 한다. 효율성은 아무리 잘해도 한계가 있다. 기업이 지속 성장하기 위해서는 올바른 일을 하는 효과성을 먼저 따져야 한다. 그것도 기업이 정한 사명과 목적에 맞추어 실행해야 한다.

방향을 잃어버린 노력은 땀만 흘리게 할 뿐이다.
그것은 열심히 했다는 말은 듣겠지만, 보상받을 길은 없다.

효과성에 집중하여 성공한 전형적인 본보기가 핀란드의 교육전략이다. 학업성취도가 세계 1위 국가다. 대부분이 공립학교다. 사립학교는 의회의 승인을 받아야 하고, 설립되더라도 그 지방의 공립학교와 비슷해야 하며 수업료를 받을 수 없다. 한국에서 사립학교는 대부분 돈벌이나 재단의 이익 유지가 목적이지만, 핀란드에서는 그런 것이 불가능하므로 사립학교 설립의 동기가 없고, 기부자나 사회단체가 사회에서 소외되거나 특별한 도움을 받아야 할 학생들을 대상으로 하는 특수목적을 가진 학교가 사립학교로 설립된다.

핀란드에서는 학생들의 개성과 강점을 존중하여
그들을 훌륭한 사회 구성원의 한 사람으로 키우는 것이 사명이자 목표다.

90
훌륭한 사람 > 좋은 사람

훌륭한 사람 > 좋은 사람

조직에서 모든 사람에게 좋은 사람으로만 인정받고 싶다는 경영자는 리더의 자격이 없다. 그런 사람들은 갈등과 정면으로 맞서 해결하기보다는 갈등을 피하는 방법을 선택하고 조직을 불안하게 만든다. 다른 사람들의 기분에 신경을 쓰고, 해야 할 말을 하지 못한다. 대화에도 타이밍이 있다. 필요할 때 정확한 피드백을 하거나, 단호하게 경각심을 불러 일으키는 것은 문제를 키우지 않는 리더십이다.

많은 사람이 좋은 사람이 되고 싶어 하지만,
누구에게 좋다는 것이며
어떤 일을 잘한다는 것인가.

그런 사람은 자기 욕구를 감추거나 억제하고, 무익하거나 불필요한 희생을 감수해야 한다. 그런 행동이 특정 상대에게는 좋을지 몰라도 조직의 나머지 구성원들과 사회 전체에게는 해로울 수 있다. 좋은 사람이란 주관적이고, 훌륭한 사람이란 객관적인 것이다. 누군가로부터 좋은 사람이라거나 유능한 사람이란 평가를 받는 것은, 언제나 타인의 상황에서 상대에게 이득이 되는 일을 모두 받아주는 사람이 되어야 하므로, 옳고 그름을 따지기보다는 예스맨 Yes Man이 될 수 밖에 없다. 그런 사람들은 아름다운 마음, 조직의 발전, 오늘보다 나은 내일의 사회 건설을 추구하는 것이 아니다. 특정인에게 충성하여 권력과 경제적 이득을 얻겠다는 선택이며, 수단과 방법을 가리지 않고 자기 이익의 극대화를 우선하기에 사회에 이롭지 못하다.

인간관계란 도자기와 같아서 깨지기 쉽다. 깨지지 않는 인간관계란 골동품과 다를 바 없다. 가만히 모셔두는 골동품은 소유자에게는 비싼 물품을 가지고 있다는 자랑거리는 될 수 있을지 몰라도 교류가 없는 인간관계란 아무런 기능도 발휘할 수 없다. 물이 무서워서, 몸이 물에 젖는 것이 싫다고 물에 뛰어 들 수 없다면 수영을 배울 방법은 없는 것처럼, 요긴하게 자주 쓰는 그릇은 긁히거나 깨질 수밖에 없는 것이고, 그건 제 할 일을 다하고 있다는 역할과 기능발휘의 증거다. 자신을 싫어하는 사람이 없다는 사람은 아주 친한 친구도 없다는 말이다. 훌륭한 사람은 절대 좋은 사람이 되려는 것이 목표가 아니며, 자기를 포함하여 특정한 개인의 이익보다는 타인, 조직, 사회 전체의 이익을 더 중요하게 생각하는 사람이다.

P6

핵심 가이드 20

실천 90개는 효율에 초점을 맞춘 것이고,
핵심 가이드 20개는 효과를 위한 것이다.

핵심 가이드 20개는 경영의 플랫폼이며 기본이다.
플랫폼의 이해와 설계가 충실하다면
그 위에 차곡차곡 쌓아가는 것은 어렵지 않다.

핵심가이드 1

경영의 결과는 무엇으로 측정해야 하는가

성과의 크기나 내용과 관계없이
훌륭한 경영의 결과는
그 기업 구성원들의 '삶이 어떻게 변했는가'이다.

한 기업의 영업이익이 10조를 돌파했다 하더라도, 그것이 기업 소유주와 주주들만 배부르게 했다면 사회가 기대하고 요구하는 경영성과란 없는 것과 같다. 기업의 사회적 책임은 일자리를 만드는 것에서 출발하고 경영 결과에 따라 내야 할 세금을 내는 것이고, 사회와 그 결과를 공유하는 선순환 활동이다. 이것이 기업의 탄생을 허용한 사회에 대한 보답이자 책임이다.

기업은 계속 성장하는데 기업 구성원들, 협력회사 직원들, 사회 구성원들의 삶이 더 힘들고 어려워졌다면 경영의 결과란 없다. 그것은 경영이라고 말하기보다는 영악한 수단과 방법으로 돈벌이를 잘한 것이다.

핵심 가이드 2
경영자의 임무 세 가지는 무엇인가

첫째, 기업을 책임지는 사람으로 그 법인이 지속 생존하고 성장할 수 있도록 경제적 성과를 내는 것이다.

그 무엇보다 경제적 성과를 내지 못한 경영자는
실패한 것이다.

둘째, 지식노동자들이 생산성을 향상할 수 있도록 이끄는 것이다. 인간을 움직이는 것은 마음이다. 상사가 아니라 실제 일을 맡아서 성과를 달성해야 할 사람이 주도적으로 의사결정에 참여하고 그 일의 주인이 될 수 있는 기회를 주어야 한다. 이제는 물리적 거리보다는 정신적 거리를 더 중요하게 생각하고 의사 결정해야 한다. 가까이 있다고 관리할 수 있는 것도 아니며 멀리 있다고 관리할 수 없는 것도 아니다. 근본적으로는 지식노동자는 관리 대상이 아니라 혁신 주도자다.

셋째, 사회공헌이다. 경영자도 기업과 마찬가지로 일종의 사회적 기관이다. 사회 속에서 탄생하고 사회 속에서 지속 생존해야 하므로, 더 나은 사회를 만든다는 선순환 활동의 책임을 지고 있다. 사회공헌이 경제적 성과를 포함하지만 동시에 사회가 합의한 법과 도덕 위에서 이루어져야 한다. 그것을 벗어나면 성과는 악영향을 미친다.

핵심 가이드 3
고객에 대한 신뢰로 어떻게 성과가 달라지는가

직원과 고객을 믿게 되면
신뢰확보를 위한 비용을 제거할 수 있다.
그것은 모두 고정비용이다.

1958년 미국 캘리포니아 남부 소도시 패서디나 Pasadena에서 작은 편의점으로 시작한 트레이더 조 Trader Joe's는 2016년 말까지를 기준으로 하면 미국 전역에 460개의 식료품 소매점을 운영하고 있다. 막강한 경쟁자로 미국 증권시장 나스닥 Nasdaq에 상장된 홀푸드 Whole Food 역시 미국 전역에 비슷하게 435개 판매점을 운영하고 있다.

그런데 경영성과를 보면 트레이더 조의 판매장 평당 영업이익이 홀푸드의 두 배나 된다. 트레이더 조는 마을 장터 같이 포근한 느낌을 주며, 직원들도 이웃 사람처럼 다정다감하다. 홀푸드는 조금 더 고급스럽게 보이는 인테리어가 되어 있지만 직원들은 그다지 미소가 없다. 매장에서는 식품이 아닌 일반 소비재들도 판다. 홀푸드 매장 안 곳곳에는 감시카메라가 설치되어 있지만 트레이더 조 매장 안에는 한 개도 없다. 그것은 트레이더 조 사장의 믿음이다. 직원뿐 아니라 고객을 무조건 신뢰한다는 원칙을 현장에 그대로 반영한 것이다. 그리고 식품을 산 뒤에 포장을 뜯고 먹었는데 맛이 없거나, 질이 나쁘거나, 어떤 이유에서건 반품을 요청해도 100% 환급이다. 와인이나 과일도 마찬가지다. 고객에게 이런저런 이유를 물어보지도 않는다. 단지 상한 것은 아닌지 물어보거나 '맛이 없었나 봐요' 하고 말할 뿐이다. 반품 제품의 별도 관리를 위해 관리자를 부르는 종을 한 번 칠 뿐이다.

겉치레를 버리고 품질을 높이는 것과 가격을 낮추는 것에 자원을 집중하는 트레이더 조의 전략은 이 회사가 더 많은 점포를 늘릴 수 있는 이유다. 주목할 수 있는 전략의 하나로 트레이더 조가 판매하는 식품의 75% 이상이 자기 상표 제품이다. 중간 공급자를 끼지 않고 생산자와 직접 계약을 통해 가격을 최대한 낮추는 것이다. 그러면서 생긴 이익은 고객에게 돌아간다. 트레이드 조는 고객이 스스로 찾아오는 기업이다.

핵심 가이드 4

공헌이력서는 무엇이며 왜 작성해야 하는가

이 작업은 강점에 바탕을 두고 일하여 성과를 내는 것이 목적이다. 일반적인 경력을 적은 이력서가 아니다. 과거에 무슨 일을 하였는가는 크게 중요하지 않다. 지금 일하는 조직에서 공헌할 수 있는 가치가 무엇인지가 더 중요하다. 또한 지식노동자로 자기가치를 판단할 기회를 스스로 만들어 보는 것이다. 상관과 구성원들이 자신에게 무엇을 기대할 수 있는지 알 수 있게 하는 정보다. 이것은 적어도 1년마다 작성하는 것으로 자신의 가치가 어떻게 변했는지 확인할 수 있다. 이 작업은 지식노동자의 권리이자 책임이다.

공헌이력서 작성 질문 다섯 가지
1. 내가 지금까지 훌륭하게 해 온 일은 무엇인가
2. 내가 앞으로도 훌륭하게 해낼 수 있는 일은 무엇인가
3. 회사가 내게 기대할 만한 일은 무엇인가
4. 회사가 기대해야 하는 일은 무엇인가
5. 나의 강점은 무엇인가

핵심 가이드 5
기업가와 기업가 정신이란 무엇인가

1800년경 프랑스의 경제학자 세이 J.B. Say가 '경제적 자원을 생산성과 수익성이 더욱 낮은 곳에서 더욱 높은 곳으로 이동시키는 것'으로 기업가의 기능을 처음 제시했다. 세이의 정의를 이어받아 조셉 슘페터 Joseph Schumpeter[13]가 '창조적 파괴'를 내세우면서 기업가 정신은 좀더 뚜렷한 모습을 갖추게 되었다.

기업가란 조직과 사회에서 꾸준하게 목적을 가지고
혁신을 추구하는 사람이다.

---

13. 1883~1950. 오스트리아 출생으로 경제학자이자 정치학자였다. 1919년 오스트리아의 재무장관으로 잠시 일했고, 히틀러의 폭정을 피해 미국으로 도피하여 1932년 하버드 대학 교수가 되었다. 드러커 아버지의 친구로, 미국에서 병으로 생을 마감할 때 드러커가 아버지와 함께 문병을 간 일화는 흥미롭게 드러커 자서전에 기록되어 있다

이것은 정부와 비영리기관에도 적용할 수 있으며, 기업가는 항상 그런 혁신활동을 탐색하고, 창조하려고 하며, 변화를 추구하는 사람이다. 그러나 확실한 것만을 선호하는 사람은 기업가가 아니다. 기업가 정신의 발휘는 목표지향적 혁신이 바탕이다. 그 본질은 경영혁신을 실천하는 것이며,

기존 자원이 부를 창출하도록
새로운 능력을 부여하는 활동이다.

또한 기업가적 회사는 크기와는 아무런 관계가 없다. 오직 기업의 고유 특성에 달려 있다.

기업의 리더인 경영자는 고결함과 겸허함을 지녀야 한다. 기업가 정신을 발휘하는 데 걸림돌이 되는 것은 조직이나 비즈니스 규모가 아니라 지금까지 성공했던 경영관리 방식이다. '지금부터 10년 후 우리 회사 매출의 90%는 지금 없는 제품들에서 나올 것이다'라는 말은 과장이지만, 기존 제품의 개선, 발전, 혁신을 통해서 그야말로 완전히 새로운 제품으로 매출액의 상당 부분이 채워질 것이라고는 말할 수 있다.

기업가 정신의 함정 네 가지;

첫째, 예기치 못한 성공을 혁신 기회로 잡지 못하는 것이다. 기업가들은 처음부터 생각했던 시장에서의 성공만을 성공이라고 여기는 편견이 있다. 그러나 우연한 성공이 주 사업이 될 수 있음을 알아야 한다. 그것은 고객이 결정하기 때문이다. 잔디 깎는 기계를 팔려고 골프장을 방문한 사장은 골프장에서 원하는 것이 제초제라고 말한다면 무엇을 팔아야 하는가. 이것을 모르고 자신이 처음부터 확신하고 있던 시장을 계속 두드려 보아도 성공의 실마리가 나오지 않는 경우가 많다.

둘째, 이익이 우선이 아니라 현금흐름이다. 이익은 보험금을 내는 것과 같다. 통신회사처럼 달마다 정해진 수입이 생기는 독점사업이 아닌 다음에야 이익은 일시적 성과에 불과하다. 현금흐름이 건전하지 못하면 이익이 나도 미래기회가 현실로 왔을 때 투입할 자금이 없게 된다. 따라서 장기적 현금흐름에 이상이 생기지 않도록 대비해야 한다.

셋째, 경영팀이 없는 것이다. 사업 초기에는 혼자서 터전을 만들고 성장할 수 있겠지만, 조금만 회사가 커져도 감당하기 어렵다. 이때 경영진이 필요하다. 경영진은 팀이며 조직 안에서 키우고 선발하는 것이 가장 좋다. 실무경험을 한 사람들 가운데서 그 사람이 가진 강점과 필요한 직무 기능을 맞출 수 있을 때 선발하여 경영팀에 합류시킨다.

넷째, 회사가 중소기업 크기로 성장했어도 경영자가 계속하여 '내가 하고 싶은 것은 무엇인가.'하고 묻는 것이다. 이때는 '지금 단계에서 회사가 성장을 위해 필요한 것은 무엇이며 나는 그것을 할 수 있을까'하고 물어야 한다. 회사가 필요한 것이 무엇인지는 알았지만, 자신이 그것을 감당할 수 없을 때는 그 자리에서 물러나야 할 때다. 그 직무를 잘 수행할 수 있는 사람을 택하여 자리를 넘겨주는 것이다.

기업이 지속 생존하기 위해서
경영자가 해야 하는 첫 번째 일은
'자신이 할 수 있는 것이 무엇인지 그 한계를 아는 것'이다.

핵심 가이드 6

기업의 생존과 지속성장은 어떻게 알 수 있는가

아마도 거의 모든 노동자는 생계유지를 위해 자기의 고용 안전성에 관심이 높을 것이다. 지식노동자의 관점에서 자신이 속한 기업의 생존과 지속성장여부를 알 수 있는 지표는 그 기업이 해마다 만들어내는 숫자가 아니다.

회계자료의 숫자란
정기 건강검진에서 하는 갖가지 진단이나 검사와 같은 것이며,
표면적인 것이다.

정기 건강검진에서도 진단자의 오진과 검사과정의 오류로 잘못된 정보가 만들어지는 것은 물론이다. 기업에서는 심지어 의도적으로 숫자를 왜곡 편집하거나, 이중장부, 분식회계로 거짓 정보가 양산된다. 이런 일은 완전히 사라지지

않기에 이것을 판단의 지표로 삼을 수 없다.

기업의 건강상태 즉, 생존과 지속성장의 가능성 판단은 이 질문과는 반대로 성장이 정체되거나 죽어가는 회사가 보이는 변화특징으로 가늠할 수 있다. 이 변화특징은 내부지표 두 가지와 외부지표 두 가지에서 찾을 수 있다.

내부지표 두 가지를 보면;
첫째, 새로운 구성원을 뽑는데, 회사 내 A급 인재가 외부에서 들어오는 B급 인재를 선발하는 것이다. 이것이 악화되면 B급 인재가 C급 인재를 선발하는 형태로 이어진다. 이것은 새로 들어오는 인재의 질적 저하가 하향 반복으로 지속되어 조직 전체의 인재 수준을 낮추게 된다. 이런 일이 일어나는 것은 젊고 유능한 인재들이 이 회사를 찾지 않는다는 것이며, 이 회사의 미래를 어둡게 본다는 증거다.

조직에서 젊고 새로운 인재의 결핍은 분명
산소가 고갈되는 징조이며,
머지 않아 숨이 끊어진다는 신호다.

이것은 네 가지 징후 가운데서도 가장 강력한 것이다. 회사의 내일을 위한 혁신 기회에 투입할 인재가 아니라 기존 업무를 들어 줄 사람을 선택할 때 이런 일이 생기며, 분명히 과거를 현재로 연장하는 일에 자원을 투입하는 것에 불과하다.

둘째, 문제를 분석하라는 요구와 회의가 점점 늘어난다. 문제는 분석해보아야 기껏 문제 자체만 해결할 뿐이다. 회사의 핵심인재는 기회에 투입되어야 하는데, 이렇게 그들까지도 문제해결에 역량을 소모해야 한다면 이 조직의 미래는 더욱 암울해진다. 무엇보다 전체 구성원들이 생산성이 적거나 아예 없는 일들에 매달리게 되어 조직 전체의 생산성 하락을 피할 수 없게 된다는 것이다.

외부지표 두 가지를 보면;

첫째, 내가 상대하는 고객이 5년, 10년 전이나 지금이나 같은 사람인 경우다. 기술 발전과 변화 속도를 볼 때 당신이 같은 고객만 몇 년째 만나고 있다는 것은 긍정적인 상황이 아니다. 이것은 세상이 변함에도 고객은 같은 사람이 같은 자리에서 같은 일을 보고 있다는 것이고 당신도 마찬가지라는 것이다. 현명한 고객이라면 당신이 속한 회사에 오랫동안 의존해 왔다 할지라도 당신에게 알리지도 않고 탐색활동을 계속하며 보다 나은 솔루션을 스스로 찾는 기업이다. 그들은 다른 혁신적인 솔루션을 찾기 전까지 당신을 만날 뿐이다. 그들이 당신과의 만남을 피할 때 당신은 이미 과거 유물이 된 셈이다.

둘째, 당신이 속한 회사가 주최하는 신제품 프로모션 행사에 참여하는 고객들이 점점 줄어들고, 경쟁사나 경쟁사라고 여기지 않았던 새로운 회사의 행사에 더 많은 사람들이 몰린다는 말을 들었다면 당신이 속한 회사가 몰락하고 있다는 또 다른 증거다. 시장에서 활약하는 당신 회사의 경쟁사도 당신 회사와 같은 길을 걷고 있을지 모른다.

새로운 솔루션을 가지고 등장한 회사는
당신이 믿는 기존 고객에게는 혁신적 대안을
확보할 수 있는 기회를 준다.

이런 진단을 하는 것과 함께 구경꾼의 처지가 되어 다음 세 가지를 확인해야 한다.

첫째, 왜 이 고객은 귀중한 시간을 내서 나를 만나주는가. 둘째, 왜 이 고객은 새로운 기술 지식 요구에 소극적인가. 셋째, 왜 이 고객은 신제품 개발과 출시가 잠잠한 것인가.

이런 고객을 오래도록 가지고 있다는 것 자체가 당신이 속한 회사가 빠른 속도로 늙어가고 있다는 증거다.

핵심 가이드 7
리더십이란 무엇인가

리더십은 미덕 Virtue라고 할 수 있는 것으로
자기 자신을 상대로 용기를 발휘한 승리이며,
인격이다.

리더십은 사람에 대한 것이나 카리스마 Charisma가 아니다. 리더란 조직의 사명, 목표, 결과를 나란히 하여, 그 우선순위와 기준을 정하고 그것들을 유지하는 행위다. 리더십은 한 인간이 가진 개성의 연장이고 그가 지닌 인간성의 척도다. 리더십은 배울 수 있는 것이고, 배워서 익혀야 한다.
리더에 적합한 성격이란 정해진 것이 없다. 그렇지만 리더라고 할 수 없는 사람들, 절대 리더가 되어서는 안 되는 사람이 어떤 사람인지는 말할 수 있다.

>
> 리더십이란 존경 받기에 앞서
> 어떤 모습으로든 자신보다 부족하거나
> 아래 사람들을 먼저 존중하는 것이다.

구성원들이, 즉 직위로 볼 때 아래 사람들이 상사를 해고할 권한을 허용하는 당당함이 필요한데, 이것이 두려운 사람은 상사가 될 자격이 없다.

조직에서 훌륭한 리더십이란 수락한 책임에 대한 정당한 권위를 가지는 것이다. 권위란 없고 힘만 있는 리더십은 부패하여 조직을 해친다. 리더는 실패를 다른 사람들의 책임으로 돌리지 않는다. 그렇다면 그는 이미 리더가 아니다. 책임질 것이 없는 사람이었기 때문이다.

리더십이란 자신의 이득이 아니라 조직과 사회의 이득을 먼저 생각하는 데 그 목적이 있다. 거의 2600년 전의 그리스 역사가이자 철학자로 소크라테스 Socrates의 제자였던 크세노폰 Xenophon이 말한 것처럼, 가장 달콤한 소리는 칭찬이다. 리더는 구성원이 공헌한 것에 대하여 가장 달콤한 소리를 해 줄 필요가 있다.

리더십은 일관성을 요구하지만 절대적 용기도 필요하다. 경영자인 당신이 오늘 아침에 관리자들과의 회의에서 이런저런 논의 뒤에 의사결정을 했다고 해서 그

것이 오늘이 가기 전에 바뀔 수 없다고 말해서는 안 되고, 그렇게 기대하는 것도 타당하지 않다.

경영자가 통제할 수 없는 경영환경은 조직 내부가 아니라 외부에 있다. 그로 인해 생기는 새로운 상황은 한 시간 앞에 내린 의사결정이라도 지금 바뀔 수 있다고 생각하고 받아들여야 한다. 필요한 경우, 해야만 하는 경우에 의사결정 번복의 용기를 발휘할 수 있을 때 올바른 경영을 할 수 있다.

리더의 변함없는 일관성은
정직함, 투명함, 책임감을 말하는 것이지
의사결정의 불변을 요구하는 것이 아니다.

리더십 원칙 여덟 가지;
1. 자신보다 자신이 책임져야 할 의무를 생각하라
2. 가정이 아니라 사실에 기반을 두고 투명하라
3. 같이 일해야 할 파트너들을 알고, 그들을 소중히 하라
4. 그들이 자신의 사명, 목표와 임무를 분명히 알게 하라
5. 스스로 확고한 신념을 보여라
6. 중립적인 생각을 유지하되 긍정적인 결과를 기대하라
7. 가장 먼저 앞장서라

8. 누구보다도 훌륭히 해낼 수 있는 일은 자신이 하라

제너럴 모터스GM의 알프레드 슬론은, 회의가 끝나면 자기 사무실로 달려가 회의 참석자들에게 보내는 편지를 몇 시간 동안 썼다고 한다. 그 편지는 회의에서 다루었던 질문과, 제시된 문제점들, 결론, 그리고 회의에서 미처 논의하지 않았던 미결 문제들을 정리한 것이다. 그는 자기가 직접 정리하고 작성하는 것으로 일을 명확하게 인식할 수 있었다. 그래서 그의 편지는 경영진과 실무진들에게는 해야 하는 일로 받아들여질 수 밖에 없었다. 실무진들이 미루지 않고 행동으로 옮기게 하는 것이 이런 것이다.

리더십이란
목표를 설정하고 일하는 것이라는 점에서
리더가 특별한 사람이어야 하는 것이 아니라,
각 개인이 모두 리더다.

핵심 가이드 8

사명서란 무엇이며 왜 필요한가

사명서는 혼돈에 빠진 사람들과 길 잃은 사람들에게는 북극성과 같은 유일한 등대다. 이것은 자기가 입는 옷처럼 몸에 잘 맞아야 하고, 티셔츠에 적을 수 있을 정도로 간단명료해야 하며, 기회, 역량, 공헌이라는 세 가지를 담아야 한다.

1912년 4월 14일 밤, 무선사 데이비드 사노프 David Sarnoff[14] 가 뉴욕에 있는 워너 무선국 New York Warnermaker Station에서 밤 일을 하고 있을 때 갑자기 SOS 신호가 들어왔다. 2,400km도 더 떨어진 대서양에서 호화 여객선 타이타닉 Titanic호가 빙산에 충돌해 침몰하고 있다는 신호였다. 그 신호를 받은 뒤 그는 바로 연안 경비대에 연락했다. 당시는 아직 약한 전파밖에 낼 수 없던 시기였는데 혼선을 피하려고 태프트 William Howard Taft 대통령은 워너 무선국

---

14. 1891~1971. 러시아계 유태인으로 미국으로 이민 온 뒤, 전파의 황제라고 불렸던 사람으로 라디오와 TV의 발명가가 아님에도 라디오와 TV를 대중매체로 만들어 낸 미디어 산업의 선구자였다.

을 제외한 주변에 있는 모든 무선을 차단했다. 사노프는 가라앉기 시작한 타이타닉호와 구조하러 가는 부근의 기선들과 교신하였다. 이미 교대 시간은 훨씬 넘었지만 사노프는 자신이 받은 신호를 중간에 다른 사람에게 넘길 수가 없었고, 사흘 밤낮을 눈도 못 붙이고 교신했다.

타이타닉호에 타고 있던 사람들은 모두 2,208명. 그 가운데 1,513명이 익사하고 695여 명이 살아난 사상 최대의 바다 사고였다. 그나마 695명을 구한 것은 무선 통신 기술 덕분이었다.

사명이란 '우리의 목적이 무엇이며,
왜 이 일을 하는지,
우리는 어떤 사람으로 기억되기를 원하는가'를 말하는 것이다.

사명은 현재를 벗어난 것이지만, 우리가 바라는 미래의 결과를 위해 지금 무엇을 해야 하는지 알려준다. 사명을 지속적으로 이끄는 것이 비전Vision이다. 비전은 조직이 바라는 미래 모습으로, 목적과 존재이유다.

사명은 목적을 명확히 하여 계획과 행동으로 연결된다. 목적은 측정할 수 있고, 구체적인 것으로 표현하고, 폐기, 집중, 혁신, 위험감수, 분석이라는 다섯 가지로 완성된다. 계획은 새롭게 알게 된 기회와 환경변화에 대응하여 충분히 유연성을 가져야 한다. 계획 자체가 미래를 주도하지 않는다. 전략적 방향성은 고수하되, 계획은 수시로 변경할 수 있어야 한다. 계획 수립 뒤에도 귀를 열어두지 않으면 그 계획은 그저 돌판에 새겨진 십계명이다. 계획을 행동으로 실천하는 동안 정기적 모니터링과 피드백을 통해서 길을 안내하는 북극성을 향해 방향을 찾아야 한다.

아마존의 사명은 너무도 명확해서 구성원들이 그 사명을 북극성처럼 인식할 수 있다. 그 사명은 간단하다.

One click away
클릭 한번으로 끝

핵심 가이드 9

성공적인 기버Giver는 어떤 사람인가

자신이 선택하고 자신의 결정으로 다른 사람을 돕는 데 기분이 상할 사람은 없다.

따뜻함과 친절함은 인간의 본성이다.

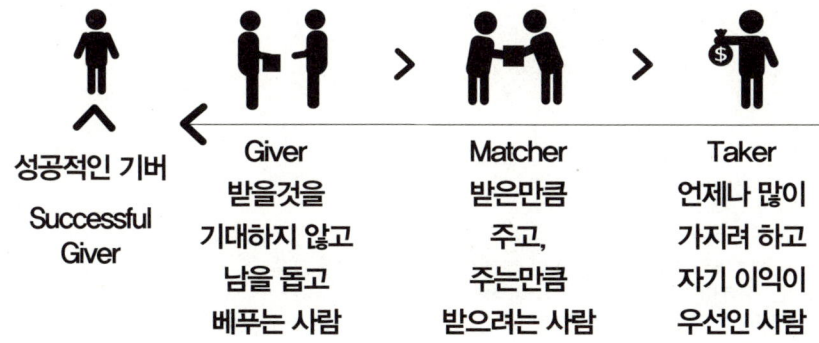

성공적인 기버
Successful Giver

Giver
받을것을 기대하지 않고 남을 돕고 베푸는 사람

Matcher
받은만큼 주고, 주는만큼 받으려는 사람

Taker
언제나 많이 가지려 하고 자기 이익이 우선인 사람

사소한 일이라도 남을 도왔다고 느끼는 순간 기분이 좋다. 도울 수 있음에도 도움의 손길을 내밀지 않아서 상대가 곤란한 상황에 처했다면 도움을 주지 않는 사람이 심적 부담을 느낀다.

세상에는 받기 보다는 베풀려는 사람이자 주려는 사람인 기버 Giver[15], 주기 보다는 더 많이 받고 더 가지려는 사람인 테이커 Taker, 준 만큼 받고 받은 만큼 주겠다는 사람인 매처 Matcher가 있다.

기버는 타인에게 중점을 두고 상대를 위해 무엇을 공헌할 수 있는지 생각한다. 서비스 산업 분야에 있는 사람들에게는 기버가 반드시 필요한 유형이다. 직장에서는 분위기를 밝게 만드는 분위기 메이커 Maker다. 기버는 자신의 이익은 생각하지 않고 상대에게 도움이 된다면 주저하지 않는 사람이다. 반대로 테이커는 누군가 도움을 요청하면 그 사람에게서 도와주는 대가로 무언가 얻어낼 수 있을 때 관심을 가진다. 이런 사람은 자기가 얻을 것과 줄 것을 셈하여 얻을 것이 더 많을 때 적극적이고, 주변 사람들의 에너지를 빨아 들이는 블랙홀 Black Hole이다. 기버가 이런 사람에게 말려들면 지치게 되고 결국 실패자가 될 수도 있다. 베푼다는 것은 단거리 경주에는 쓸모가 적지만, 장거리 경주에서는 진가를 발휘한다. 인생은 장거리 경주 아닌가.

---

15. 현재 미국 와튼스쿨의 교수로 [기브 앤드 테이크 Give and Take]라는 책의 저자인 애덤 그랜트 Adam M. Grant가 제시한 것이다. 이것을 실제 현장에서 조사 분석한 것을 토대로 채용과 승진의 의사결정 도구용 프로그램을 만들었고, 이것을 보급하기 위해 설립한 회사가 www.optimizehire.com이다. 불과 3년 만에 미국 내 965개 기업이 채택하고 있으며 점점 늘어나고 있다. 2017년 올해 한국에 진출한다.

인맥사이트인 링크드인Linkedin의 창업자 리드 호프먼 Reid Hoffman은 '자기보다 남을 생각하고 행동할수록 관계에서 더 많은 이익을 얻고, 평판도 좋아지고, 가능성의 세계가 더 넓어진다'고 했다.

성공적인 기버는
베풀 때 꼭 무언가 기대하는 것은 아니지만
미래를 바라보는 사람이다.

미국에서 최고 인맥을 가진 사람이라고 인정받은 리프킨 Adam Forrest Rifkin의 좌우명은 '세상이 더 나아지기를 바라며 그러는 동안 내가 좋은 향기를 냈으면 좋겠다'이다. 그는 기대하지 않고 베풀지만 그런 태도 덕분에 인맥에서 도움을 받아 크게 성공한 사람이다.

기버는 긍정적, 적극적, 비선택적 경향을 가진다. 겉보기를 따지지 않고 누구든지 잠재력이 있다고 믿고 돕는다. 그러나 테이커와 매처는 상대의 능력과 상황에 따라 선택적이다. 리더의 자격은 자기보다는 전체를 보고 다른 사람에게 중요하고 가치 있는 일을 우선하는 것이다. 테이커형 리더는 단기적으로 조직 장악력을 보여줄 수 있으나 곧 들통나고 만다. 기버형 리더는 나중에야 사람들이 알아보고 그의 진정성을 깨닫고, 그의 리더십은 권한이나 지위가 아니라 마음에서 우러난 것임을 알게 된다. 강자에게 약하고 약자에게 강한 사람은 전형적인 테이커형이다. 상냥함과 냉정함은 기버인가 테이커인가를 판단하는 근거가 되지 못한다. 친절하거나 상냥하게 접근하는 사람이 테이커로 드러나는 경우가 많다. 사기꾼이 그런 유형 아닌가. 그 사람을 여러모로 알기 전에는 판단을 유보하는 것이 필요하다.

기버는
다른 사람에게 초점을 맞추고 의사결정하므로
조직 구성원들이 적극적으로 협력하는 리더십을 발휘할 수 있다.

인간은 단기간에 그가 어떤 사람인지 알 수 없다. 어떤 사람에 대하여 '하나를 보면 열을 안다'는 속담은 언제나 옳은 것이 아니다. 오히려 편견에 가깝다. 그 사람이 어떤 상황에 있는지 알 수 없는 경우에 그의 행동 하나를 보고 어떻게 그 사람이 누군지 어떤 사람인지 알 수 있는가.

한편 기버가 언제나 좋은 결과를 주는 선택은 아니다. 자신의 이익에 전혀 관심이 없고 베풀기만 하는 기버는 에너지가 모두 고갈되어 그 동안 베풀기만 한 것을 후회하거나 낙담하며 마침내 그 대가를 치른다. 그런데 자신과 타인의 이익 사이에서 균형을 유지하는 사람인 매처가 삶의 만족도가 더 크다는 연구결과가 있다. 그렇다고 해서 매처가 되라는 것이 아니다. 사회 구조에서 보면 성공한 상위그룹에서 상대적으로 테이커나 매처보다 훨씬 많은 기버형 리더들을 확인할 수 있다. 상황에 따라 매처가 되어야 할 필요가 있다. 바로 테이커를 만났을 경우다.

베푸는 것과 얻는 것의 효과적인 관리는 분리하여 집중하는 것이다. 자신의 이익에 대한 관심이 있기에 탈진하지 않고 에너지를 유지하는 기버가 성공하면 이런 기버들은 더 많이 베풀 수 있다. 재미있는 것은 기버가 다른 사람을 위해 협상 대리인으로 나섰을 경우 더 많이 받아낸다는 점이다. 자기보다 타인의 이익을 생각하는 자세로 협상하기에 얻을 수 있는 결과다.

기버와 테이커의 진가 眞價는 대인관계에서는 물론이겠지만 비즈니스에서 가장 뚜렷하게 드러난다. 부품공급이나 서비스를 제공하는 상대를 파트너라고 생각한다면 지나치게 가격을 깎아서 상대가 정상적인 방법으로 제공할 수 없을 만큼 고통스럽게 하는 것이 득이 될 수 없다. 그것은 결국 테이커 자신에게도 해가 된다. 테이커형 기업은 사회의 공익으로 존재하기 어렵다. 기버가 실패하는 것은 언제나 베풀기만 하다가 자신의 자원을 소진하고 지쳐버리는 것이 원인이다.

성공적인 기버는
조건 없이 남을 돕지만
장기적으로 자신의 이익도 추구하는 사람이다.

그런 면에서 기버는 혁신가와 같다. 이제 회사에서는 구성원들의 생산성에만 집중할 것이 아니라, 그 생산성이 조직 내 다른 구성원들에게 미치는 효과까지 살펴 보아야 한다. 지식노동자는 자신의 지식활동이 타인의 생산성을 높이는 것에 기여하는 것이므로 일방적인 공헌뿐만 아니라 장기적인 자신의 이익도 생각하는 기버로 가득한 조직은 최고의 생산성과 삶의 만족도를 제공할 수 있는 일터가 될 수 있다. 드러커는 성공적인 기버의 원형이었다.

핵심 가이드 10

생존 부등식의 의미는 무엇인가

생존 부등식 개념을 처음 제시한 사람은 자연과학인 물리학과 사회과학인 경영학을 넘나드는 학자인 윤석철 교수다. 그의 생존 부등식은 개인, 조직, 사회를 구분하지 않고 적용할 수 있는 원칙이다.

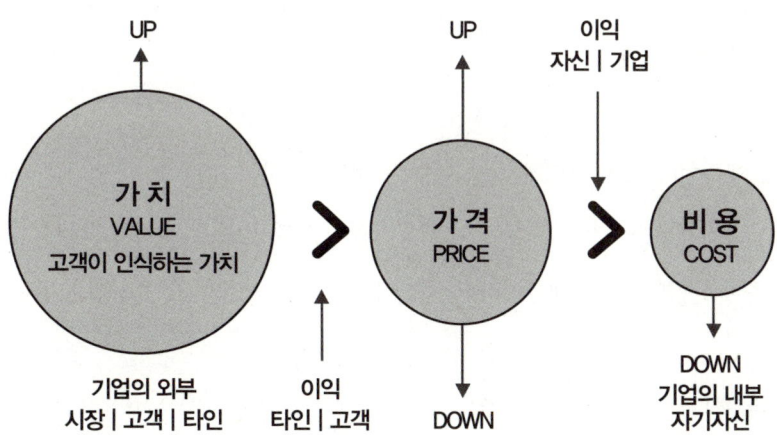

기업은 고객 없이는 살아남을 수 없다. 그렇기에 고객이 있는 한 아무리 악덕 기업이라 해도 살아남는다. 고객은 자신의 필요와 욕구를 채워줄 수 있는 회사가 필요한 법이다. 고객과 기업은 주고받는 관계에서 최적 균형 가격-한계가격을 받아들인다. 기업은 손해 보며 물건을 만들어 팔 수 없고, 고객은 폭리라고 생각되는 값으로 물건을 사지 않는다. 너무 지나친 가격 인하 또는 이익 추구는 사람을 죽일 수 있다. 설마 그럴 수 있나 생각할 수도 있겠지만, 이것은 현실이다. 조금 극단적인 보기지만, 희소병에 걸린 고객은 그에 맞는 약을 먹지 못하면 죽는데, 그런 약은 고객이 극소수이므로 가격이 매우 높다. 사회적으로 특별한 지원 없이는 제약기업이 만들지 않으니 환자는 그 약을 구할 수 없다.

소비재인 경우 가격 경쟁이 너무 심해 기업 처지에서는 구성원들 급여를 줄이고 복리후생 수준을 낮추거나 없애야 살아남을 수 있다면, 경영은 어려워지고 인재는 떠난다. 이것은 고객에게도 좋을 것이 없다. 고객은 독점공급자에 의해 휘둘리게 된다. 독점공급자로 남은 기업은 그 동안의 저가 공급에 대하여 보상 심리가 생긴다. 고객으로서는 다른 대안이 나타날 때까지 값이 훨씬 비싸진 제품을 살 수밖에 없다.

실제로 제품이나 서비스의 가격은 크게 중요하지 않다. 고객은 가치 있다고 생각하는 것에 지갑을 연다. 품질이 낮아도 가격이 싸다면 팔릴 것이라고 생각하는 것은 잘못이다. 저가 제품이라도 품질이 형편없는 제품이라면 고객은 등을 돌린다.

생존 부등식이 지식경영자에게 주는 교훈도 같다. 지식경영자는 기업이라는 고용자에게 자신의 비용을 훨씬 상쇄하고도 남는 성과 즉, 가치를 발휘할 때만 일자리를 지킬 수 있다. 사회 속에서 기업은 사회에 공헌하는 것이 크면 클수록 존재할 가능성과 사회에서 응원과 지원을 받을 기회도 그만큼 커진다.

해서는 안 되는 일, 할 필요 없는 일, 하지 않아도 되는 일을 무리하게 실행하는 경영자와 지식노동자는 그들의 자원뿐만 아니라 다른 사람들의 유한한 인생과 사회적 자원도 낭비하게 하는 사람들로, 사회의 선순환을 해치는 악순환 해충들이다. 해충은 그 행위에 그치는 것이 아니라, 잘못된 결과를 원래대로 돌려놓기 위해서 또 다른 자원을 투입해야 하는 것이 더 큰 문제다. 따라서, 이것은 처음부터 일어나지 않게 시스템으로 막아야 할 일이다. 경영자가 그런 해충을 조직 내부에 방치하는 것은 치명적인 실수이자 범죄다.

핵심 가이드 11
연구개발 투자의 다섯 가지 원칙은 무엇인가

투자가 성과보증서는 아니다.

투자의 성패成敗는 R&D의 전략적 관리에 달려있다.

R&D에 대한 인식;

1. 자기 폐기

자사의 신제품, 프로세스, 서비스는 시장에 등장한 순간, 경쟁사들의 표적이 된다. 이 신생아의 폐기전략은 처음부터 시작되어야 한다. 듀퐁 DuPont[16] 은 나일론 Nylon을 시장에 내놓자마자, 나일론을 대체할 합성섬유 연구에 손을 댔다.

---

16. 듀퐁이라는 프랑스계 미국인 화학자이자 기업가로 화약제조를 시작하여 시장의 주도자로 자리잡은 글로벌 기업이 되었다. 미국 동부 델라웨어 주에 본사를 두고 있다. 1802년에 설립되어 지금까지 해당 산업 분야의 선두자로 활약하고 있으니 200년이 넘은 장수 기업이다.

200살이 넘은 글로벌 기업 듀퐁은 지금도 그 지위를 단단히 지키고 있다. 프로젝트도 주기적으로 폐기 여부를 결정한다. 그 대상은 일정 기간 동안 개선, 발전, 혁신이 나타나지 않는 것이고, 18개월이나 36개월마다 검토한다.

2. R&D를 순수과학이나 응용과학으로 구분하지 않기
연구개발 활동을 순수과학이나 응용과학으로 나누어 다루어선 안 된다. 우리가 쓰는 것은 효용성이다. 개선, 발전, 혁신 단계를 밟는 과정에서 개선은 이미 성공한 것을 더 좋게 만드는 것이고, 발전은 새로운 기술, 제품, 프로세스, 서비스를 활용하여 더욱 새로운 것들을 만들어 내는 일이다. 혁신이란 사회, 경제, 인구, 기술의 변화를 기회로 이용하는 것이다.

3. 목표를 높게 정하기
사소한 개선이라도 쉬운 일이 아니며 그 과정에서 저항을 받는다. 애플은 시장에서 요구하는 스마트폰 배터리 규격이 1,000mA라면, 2,000mA를 목표로 정하고 개발에 착수한다. 그 목표를 달성할 수도 있고, 실패할 수도 있다. 그러나 목표가 이미 높기에 적어도 시장에서 요구하는 규격은 가볍게 통과할 수 있었다.

4. 단기적 성과와 장기적 성과를 노리기
최종 목표에 이르는 과정에서 나타나는 예기치 못한 사소한 성과들이 기회가 되는 것은 아닌지 생각해보고, 자원투입이 많다고 해서 단기적 성과에 만족하고 그쳐서는 안 된다.

5. R&D 기능을 다른 것들과 분리하지 말고 협력하기

R&D는 작업 면에서는 독자적으로 수행할 수 있지만, 기능 면에서는 분리되어서는 안 된다. 결국은 고객에 초점을 맞추는 일이므로, 처음부터 다른 부서들과 협력해야 한다. 그것은 협력해야 할 상대와 처음부터 책임을 공유할 수 있는 방법이기도 하다.

핵심 가이드 12

오늘의 경영성과를 좌우하는 네 가지는 무엇인가

경영능력은 네 가지 면에서 평가해야 한다. 경영의 양이 아니라 질을 평가하는 것이 필요하다.

내일의 사업을 좌우하는 것은 오늘 내리는 의사결정이다.

경영자에게 가장 중요한 책임이 있다면 바로 오늘 내리는 의사결정일 것이고, 그 행위의 평가는 내일 나타나는 결과들이다.

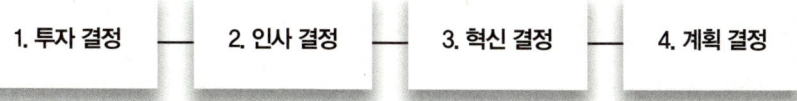

네 가지 사항에 대하여 오늘 내린 의사결정과 기대했던 결과를 비교하는 것으로 성과를 평가할 수 있다.

첫째, 투자 결정이다. 작은 투자 결정은 결정 뒤 관심을 두지 않을 수도 있다. 대규모 투자는 기업의 생사를 좌우할 수 있는 만큼 중요하다. 특히 시설투자는 투자가 시작되면 중간에 멈추기 어렵다. 이런 투자는 시간이 많이 걸리므로 몇 년 후가 되는 것이 대부분이다. 그 결과를 평가할 때까지는 꽤 오랫동안 인내할 수 있어야 한다.

둘째, 인사 결정에서는 누군가를 승진시켰다고 했을 때 승진자가 달성한 성과라는 것이 기대에 미치지 못하더라도 그 책임은 승진자가 아니라 승진을 결정한 사람이어야 한다. 그것은 투자가 잘못되었을 경우, 투자금이 아니라 투자자에게 책임이 있는 것과 같다.

셋째, 혁신 성과의 결과는 적어도 해마다 개선, 발전, 신제품, 프로세스에서 기대했던 성과와 비교해 보아야 한다.

넷째, 계획은 내일을 위해 오늘 결정하는 것이며, 오늘의 자원을 내일의 결과로 전환하기 위한 과정이다. 계획했던 것과 결과를 비교하는 것은 경영자의 성과 평가에 가장 뚜렷한 흔적이 될 수 있으므로 처음부터 기대하는 결과를 정확히 기록해야 한다.

핵심 가이드 13

우리의 사업은 무엇인가, 무엇이어야 하는가

이 질문은 경영자라면 누구든지 쉽게 답할 수 있을 것 같지만, 실제로는 그 반대며 답이라고 해도 명확하지 않은 경우가 대부분이다. 이것은 기업의 운명을 우연에 맡기지 않고 올바른 의사결정을 통해서 자신의 운명을 창조하겠다는 의지를 반영한다. 이 질문의 답을 찾는 것은 경영진의 첫째 임무일 것이다. 미국 기업 역사상 이 질문에 가장 분명하게 답한 사람은 20세기 미국 통신사업에서 가장 앞선 사람이었고 지금도 시장을 이끄는 통신서비스 기업인 AT&T의 시어도어 베일 Theodore Newton Vail이었다. 그는 살아 있을 때 AT&T의 사업을 '서비스'라고 규정했다.

우리의 사업이란 무엇인가라는 질문에 답하는 것은 까다롭고 어렵다. 경영자라면 지금은 그 답이 완벽하지 못하더라도 꾸준히 생각하고 답할 수 있어야 한다. 우리의 사업이 무엇인가 또는 무엇이어야 하는가의 연구는 우리가 바라는 사명 달성을 위해서 확보해야 할 핵심역량이 무엇인지 아는 것에서 시작되어야 하지만, 그 역량 발휘의 대상은 고객이다. 그것은 단 한 개의 답이란 존재하지 않으며, 타당한 답을 구하기 어렵기에 경영진은 개방적이며 충분한 토론이 필요하다는 것을 인식해야 한다.

우리의 사업이 무엇이어야 하는지
정의할 수 있는 사람은 오직 고객이다.

따라서 첫째 질문은 '우리의 고객은 누구인가'가 될 것이다. 그것도 실제 고객과 잠재 고객은 누구인가, 그들은 어디에 있으며, 어떻게 상품과 서비스를 구매하는가, 그들이 가치 있게 생각하는 것은 무엇인가, 그들에게 어떻게 접근할 수 있는지 알아내는 것이다. 이 말은 기업 내부가 아니라 외부, 고객이 있는 시장에서 찾아야 한다는 것이다. 오로지 출발점은 고객이다.

고객만족은 기업의 사명이자 목적이다.

고객의 마음을 알려고 노력한다고 해서 고객을 알기는 어렵다. 그보다는 고객이 있는 시장에서 고객의 행동을 관찰하고 스스로 고객이 되어보아야 한다. 요리도구를 사는 고객은 도구가 아름다워서 장식용으로 사는 것이 아니라 요리를 쉽게 잘 하기 위해 사는 것이다.

우리가 지금 가진 것이 아니라, 우리가 확보해야 할 것이 무엇인가를 탐색할 때 사업의 윤곽이 드러난다. 1994년 아마존 Amazon의 제프 베조스 Jeff Bezos가 전자상거래 사업을 시작할 때, 향후 10년 동안 변하지 않을 것을 대상으로 사업해야 한다고 말했는데, 변하는 것을 대상으로 기업을 일구기는 너무 어렵고 위험하다는 것을 알아차린 것이다.

우리의 사업은 무엇인가,
우리의 사업은 무엇이어야 하는가를 명확하게 정하는 것은
경영자의 첫 번째 책임이다.

신용카드 시장에서 눈에 띄지 못했던 회사를 시장의 주도자로 성장시킨 현대캐피탈 정태영 부회장은 회사의 사업이 무엇이어야 하는지 분명하게 꿰뚫은 사람이다. 한국에서 처음으로 새로운 마케팅 기법에 도전하여 기존 신용카드에는 없던 최상위층 고객을 대상으로 한 블랙카드 Black Card를 출시하였다. 블랙카드는 고객이 아니라 현대카드에서 고객을 선택하는 방식으로, 선택되었다는 자체가 고객에게 특별함을 부여하는 마케팅 전략을 구사했다. 부자라거나, 직위가 높다거나, 유명하다고 해서 그 카드를 받을 수 있는 것도 아니다. 처음 9,999명을 목표로 했으나 10년이 지난 지금도 회원 수가 2천여 명에 불과할 정도로

회원관리에 민감하다. 확고한 위치를 차지한 현대카드도 여전히 고객을 위한 혁신의 기회는 많다.

블랙카드의 사업은
현금을 대신하는 편리함을 주는 것이 아니라,
'자부심을 제공하는 것'이다.

우리의 사업이 무엇인가의 다른 보기를 들어 보면, 병원의 기능은 환자의 치료와 회복이다. 병원 응급실의 사업은 그보다 앞서, '환자와 가족의 마음을 안정시키는 것'이다.

보기를 한 가지 더 들어 보자. 아이러니하지만 과학 기술이 발달할수록 인간이 눈을 써야 할 기회가 많아진다. 안경이나 컨택트 렌즈를 사용하는 사람은 나날이 늘어나고 있다. 안경점의 사업은 무엇인가. 안경점의 사업은 안경을 파는 것이 아니다. 그것은 고객이 '세상을 뚜렷하게 볼 수 있게 돕는 일'이다.

요약하면 우리의 사업이 무엇인지, 무엇이어야 하는지 명확히 파악하고 방향을 정하기 위해서 아래 다섯 가지 질문을 이용한다.

다섯 가지 질문;
- 우리의 사명은 무엇인가
- 우리의 고객은 누구인가
- 고객이 가치있게 여기는 것은 무엇인가
- 우리의 결과는 무엇인가
- 우리의 계획은 무엇인가

'우리의 사업은 무엇인가, 무엇이어야 하는가'의 질문을 지식노동자 개인차원으로 생각한다면 '나의 사업이 즉, 나의 인생은 무엇인가, 무엇이어야 하는가'로 말할 수 있다.

위 다섯 가지 질문을
각자의 인생경영에 적용하여 그대로 질문하고 탐구하는 것은
효과적인 자기 인생경영의 설계자가 될 수 있는 방법이다.

핵심 가이드 14

전략과 일곱 가지 원칙은 무엇인가

전략이란 조직의 목표를 실제 성과로 바꾸는 수단이다. 기업이 목표나 목적을 달성하기 위해 실행해야 할 계획을 말한다.

전략은 목표 그 자체와
그 목표를 달성하기 위한
자원과 역량의 분배계획이다.

회사 건물을 짓는 것에도 애플과 삼성은 전략의 차이를 뚜렷하게 보여준다. 삼성은 2016년 미국 실리콘밸리 샌호세 노스 1번가 San Jose North First Street 에 깔끔한 연구소 사옥을 완공하여 사용하고 있다. 애플은 본사가 있는 쿠퍼티노 Cupertino 에 2017년 6월 완공을 목표로 제2캠퍼스를 짓고 있는데, 처음부터 전략적 프로젝트로 추진하였다. 스티브 잡스와 애플이 지역사회에 약속한 대로 100% 그린에너지 Green Energy로 운영되는 건물이다. 애플의 고객과 비고객 모두는 우주선 모형의 제2캠퍼스를 보기 위해 몰려올 것이다. 50억 불 정도 투자한 것으로 알려진 건물로 마케팅 효과를 톡톡히 만들어 내고 있다. 그러나 서울 강남에 있는 웅장한 삼성 본사나 실리콘밸리에 있는 깔끔한 삼성 연구개발센터 건물을 보려고 사람들이 몰려온다는 말은 듣지 못했다. 그것은 아무런 전략적 마케팅 계획이나 목표가 담기지 않은 건물에 불과한 투자였기 때문이다.

전략戰略이
무엇을 하는가를 결정하는 것이라면,
전술戰術은 어떻게 할 것인가를 말한다.

시장에서 반짝 인기를 끌었던 전략개념은 사라졌고, 사라진다. 이뿐만 아니라 이런저런 전략 방법론들도 수명이 길지 못하고 사람들의 관심에서 멀어졌다. 자연법칙이나 원리는 변하지 않는다. 경영이란 변하지 않는 것을 바탕으로 변수에 대응하는 것이다. 그것은 자기가 통제할 수 있고, 그럴 것이라고 확신할 수 있는 변수와 전혀 예측할 수 없는 변수다. 경영자는 통제할 수 있거나 확신할 수 있는 변수를 대상으로 위험과 기회를 알아채고 의사결정해야 한다. 예측할 수 없는 변수는 예측해도 소용없고, 계속 다른 모습으로 나타난다.

일곱 가지 전략원칙;

1. 목표를 분명히 하고 자원을 집중하라
2. 주도권을 잡고 지속하라
3. 계획을 유연하게 생각하라
4. 고객이 기대하지 못한 것을 제공하라
5. 실행하기 쉽게 단순함을 지켜라
6. 목표를 포기하지 말고, 처음부터 대안을 가지고 간접 경로를 택하라
7. 시기와 순서를 지켜라

일곱 가지를 구체적으로 살펴보면;

1. 목표를 분명히 하고 자원을 집중하라: 목표는 확실해야 한다. 모호한 목표는 보이지도 않고, 어디로 가야 할지 알 수도 없다. 팀원들은 안개 속에서 길을 잃게 된다. 목표를 정했다면 한눈 팔지 않고 그 목표 달성을 위해 체계적 폐기로 자원을 확보하고 집중하여 전력투구해야 한다. 목표를 달성한 뒤에도 새로운 목표를 정하고 계속 전진한다.

2. 주도권을 잡고 지속하라: 좋은 아이디어라도 먼저 행동하는 사람이 주도권을 잡게 되는 법이다. 주도권을 잡은 기업은 경쟁기업들을 따돌리고, 경쟁기업들은 그 시장에서 철수해야 할지 고민하게 된다.

3. 계획을 유연하게 생각하라: 전략 실행은 고정불변이 아니다. 변화에 대응하기 위해서 목표는 유지하되 전략 실행은 상황에 맞추어 운영해야 한다. 눈앞에 새로운 상황이 펼쳐져 지금 보이는데도 불구하고, 전략 원칙을 고수하고 변화를 거부하는 것은 실패를 부른다. 같은 방법으로 다른 결과를 만들어내기는 어렵다. 때로는 전략수정의 대수술도 과감하게 해야 할 것이다.

4. 고객이 기대하지 못한 것을 제공하라: 미국 기업들이 그들이 먼저 발명하고 특허도 취득한 트랜지스터 Transistor를 그냥 두고 다시 진공관 개발에 주력하는 동안, 일본의 소니Sony는 미국이 발명한 트랜지스터로 2년 만에 라디오를 개발해 먼저 시장에 내놓아 고객들을 놀라게 했다.

2016년 애플이 무선 이어폰을 시장에 내놓았을 때 시장의 반응은 그것은 혁신도 아니며, 제품이 형편없다거나, 고객의 니즈 Needs를 무시했다는 것이었다. 그러나 1년 만인 2016년 12월 31일 기준으로 애플의 무선 이어폰은 시장점유율 26%로 무선 헤드셋과 무선 이어폰을 통틀어 1위를 기록했다. 기업은 언제나 고객 감동을 마케팅의 목표로 삼아야 한다. 예기치 못한 선물은 언제나 감동을 주는 법이다.

5. 실행하기 쉽게 단순함을 지켜라: 복잡할수록 실제 실행하기가 어려워진다. 즉, 실행할 수도 없고, 성과도 잘 나올 수 없다. 애플의 제품 전략은 언제나 간단명료하여 전 직원들이 제품 전략을 확실하게 공유하고 있다. 애플은 같은 제품을 여러 모델로 시장에 내놓지 않고도 스마트폰 업계 최고의 수익을 가져가고 있다.

6. 목표를 포기하지 않지만 처음부터 대안을 준비하고 간접경로를 택하라: 처음 설정한 전략이 통하지 않을 수도 있다. 그렇다고 목표를 수정하는 것은 기업 기반을 흔드는 것과 같다. 먼저, 전략을 수정하여 다른 길을 이용해서 전진해야 하며 대안은 처음부터 준비한다. 소비재 판매시장에서, 고객은 정상가격에 팔고 있는 제품보다는 같은 기능을 가지고 할인해 주는 상품을 사게 된다. 할인이라는 매력이 상품구매의 동기를 주는 것이다.

7. 시기와 순서를 지켜라: 한마디로 타이밍이다. 기업이 스스로 통제할 수 없는 변수들, 예를 들어 인구변화 같은 정보를 관찰하다 보면 연관된 기업의 시장과 고객 확보를 위한 전략적 타이밍을 가늠할 수 있다.

핵심 가이드 15

조직에서 시간 낭비가 생기는 원인은 무엇인가

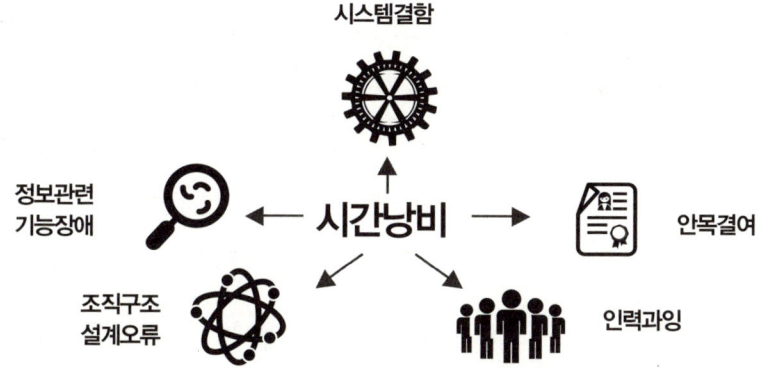

인간에게 시간은 충분하기보다는 언제나 적자상태 赤字狀態다. 기업도 예외가 아니다. 조직에서 일어나는 시간 낭비는 다섯 가지로 볼 수 있고, 경영의 효율성은 이 다섯 가지의 처리에 달려있다.

다섯 가지 원인;
- 업무 시스템의 결함으로 일어나는 일들.

- 경영자의 안목 부족으로 불필요한 일을 하게 만드는 것.
- 인력이 넘쳐서 비효과적인 커뮤니케이션 활동이 증가하며, 자리를 위해 일을 만드는 것.
- 조직구조 자체의 잘못된 설계로 효율이 떨어지는 것.
- 정보 관련 기능에서 발생하는 장애를 내버려 두어 생기는 시간 손실 등이다.

위 다섯 가지는 조직 내 직접 업무와 관련된 일이지만, 지식노동자로 한 개인의 시간 관리 역시 마찬가지로 중요하다. 어떤 경우든 자기 시간 관리의 책임은 자기에게 있다. 자기가 처한 상황과 자신이 가진 능력에 따라 부탁이나 요구를 거절하지 못하는 시간 관리자라면 언제나 시간에 쫓기며 지낼 수밖에 없다. 이때 수락의 기준은 '꼭 해야 할 일인가', '할 수 있다면 좋은 일인가'를 생각해야 하고, 거절의 기준은 '해서는 안될 일인가', '안 해도 되는 일인가'를 생각하는 것이다. 그런데 이 기준들을 생각하지 않고 '나의 이해득실'에 따라 결정한다면 바로 단기이익과 개인이익을 선택하는 것이다.

꼭 명심해야 하는 것은
시간이란 에너지와 달리
저장할 수 없는 유한 자원이며
같은 상황이란 없는 일회용이라는 것이다.

핵심 가이드 16
지식노동자는 왜 날마다 학습해야 하는가

자기 계발의 권리는 지식노동자의 손에 있다. 지식사회의 본질은 이동성이며 경쟁사회라는 것이다. 학습은 목적과 목표가 분명할 때 최고 효과를 거둘 수 있고, 지식노동자는 전문가가 되었을 때 더 큰 역량을 발휘할 수 있다.

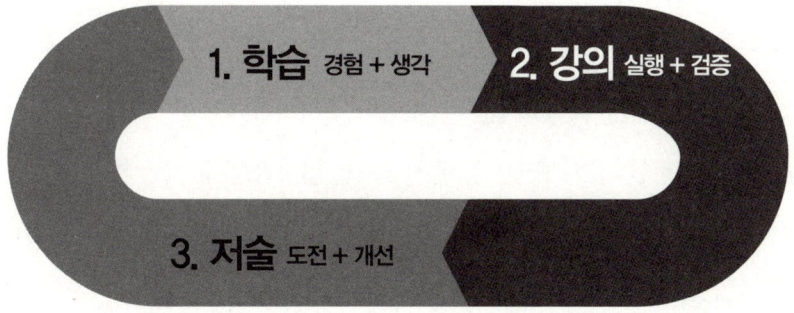

학습은 실전 경험과 생각을 통합한 것으로 일과 독서를 통해 양을 늘릴 수 있다. 실전 경험과 깊이 있는 생각을 통해 얻은 지식은 발표와 강의로 그 지식을

다른 사람에게 전달할 수 있다. 이 과정에서 자기도 몰랐던 새로운 지식과 아이디어를 얻을 수 있다. 학습 선순환의 마지막 단계는 글 쓰는 것이다. 책이든 기고문이든 글을 통해 지식을 더 늘리고 다듬는 기회를 가진다. 그러나 학습 자체가 목표가 될 수 없다. 역사를 볼 때 인류 발전에 크게 공헌한 놀라운 발명이나 발견을 한 사람들이 책벌레였다는 말은 드물거나 없다. 오히려 성인이 될 때까지 글을 쓰거나 읽을 줄 모르는 사람들이었지만 위대한 발명가나 훌륭한 정치인이 되기도 하였다.

행동이 따르지 않는 다독多讀은
자기 만족이며
지적知的 장식품에 불과하고
그건 자료를 모은 것일 뿐이다.

오늘 확실하고 유효했던 것이 내일 쓸모없이 되어버리는 것이 지식이다. 지식 노동자는 지속적인 자기 계발을 통해 시장에서 인정받을 수 있는 자기 가치를 확보해야 한다. 그것은 미룰 수도 없고, 미루어서도 안 되는 최우선의 일이며, 실직의 불안감을 줄일 수 있는 수단이다.

기계는 투입과 산출이 정직하다. 10개를 만드는 재료를 넣었는데 11개가 나올 수 없다. 그러나 인간은 스스로 성장하고 발전할 수 있는 능력을 갖추고 있다.

전문지식이란 어떤 업무와 연결되었을 때 성과를 낸다. 지식사회가 왜 조직사회인지 이것이 설명한다. 그러므로 지식노동자가 날마다 학습해야 하는 것은 당연하다.

교사|교수는 어머니가 될 수 없다.
산파의 기능을 할 뿐이다.

그런데도 그 산파의 기능조차 제대로 하지 못하는 교사|교수들이 많고, 그들은 자신들이 지식노동자로 그 필수 기능조차 제대로 갖추지 못하고 있다는 것을 알지 못한다. 피해자는 고스란히 비싼 학비를 내고 있는 학생들이다.

지식노동자라면 주기적으로,

내 인생에서 내 기대에 맞추어 살려면
무엇을 하고, 무엇을 바꾸며,
무엇을 배워야 하는가,
또한 무엇을 하지 말아야 하는가,
자문해야 한다.

핵심 가이드 17
체계적 폐기는 왜 정기적으로 해야 하는가

생명체는 무언가 버리지 않고 성장할 수 있는 길이 없다. 기업도 생명체이기에 날마다 무언가는 버려야 한다. 오늘의 폐기는 내일의 거름이다. 그 노력은 과거를 계속 지키려는 것이 아니라, 미래를 만드는 작업이어야 한다. 미래를 위해 오늘 투자하지 못하면 우리가 바라는 결과는 만들 수 없다. 그 자원은 폐기를 통해 확보할 수 있다.

자원은
시간과 마찬가지로
언제나 부족한 법이다.

체계적 폐기를 위해 세 가지 기준을 적용한다.

- 노력해도 더는 뚜렷한 개선이 없을 때
- 새로운 제품, 과정, 서비스가 나오지 않을 때
- 오랫동안 해온 연구가 성과를 내지 못하고 머무를 때

이다. 피드백에서 이런 상황을 확인하게 되면 폐기해야 할 때가 온 것이다.

핵심 가이드 18

혁신이란 무엇이며 어떻게 추진해야 하는가

혁신은 이 세상 모든 기업의 필수과제인 것은 분명하지만 거창한 것만은 아니다. 진정한 혁신은 세상에 없던 새로운 것을 만들어 내는 것이 아니라 고객의 기대를 근본적으로 바꾸는 것이어야 한다. 고객이 예상하지 못한 가치를 제공할 수 있을 때 혁신 노력은 빛을 발한다.

혁신이란
고객이 인정하는
새로운 가치와 만족을 창조하는 것이다.

혁신은 어제를 벗어나 내일로 향하는 스타게이트 Stargate의 유일한 비밀번호다. 혁신은 평지를 걷는 일이 아니다. 등에 100kg이나 되는 짐을 지고 8천 미터를 넘는 에베레스트 Everest 산에 오를 수는 없는 일이다. 혁신의 출발은 사명의 재확인과 폐기에서 시작되고, 사회, 경제, 인구, 기술의 변화를 기회로 활용하는 것이다.

혁신의 출발은 기업의 사명을 원점부터 다시 살펴보는 것이다. 그로부터 기업 활동의 목적과 목표가 뚜렷해지고 그에 따라 방향을 재확인할 수 있다. 그리고 이어지는 것이 그 기업이 하려는 사업이 무엇인가 정의하는 것으로, 강점을 확인하게 된다. 현재 가지고 있는 강점과 하고자 하는 사업에 반드시 필요한 강점을 확보하는 방법을 정하며, 인적자원을 다시 점검한다. 이 단계를 밟아가면서 조직 전체가 폐기해야 할 것과 확보해야 할 것을 인식하게 된다.

혁신이라는 이름을 내걸고 하는 도전은 성공보다 실패가 더 많다. 따라서 한 개의 혁신 성공이 수많은 실패를 보상하고도 남아야 할 정도로 양보다 질이 중요하다. 경영자가 인정해야 할 것은 혁신은 하루아침에 쉽게 일어나지 않으며 느리게 진행되기 때문에 많은 인내심과 장기적인 집중력이 필요하다는 것이다.

혁신의 결과는 때로는 사악한 사람들에게 인간의 자유를 구속하는 도구로 이용되기도 한다. 그래도 혁신은 여전히 더욱 많은 사람에게 난공불락이라고 여겨졌던 반사회적 장벽을 부수는 데 큰 역할을 하고 있다. 무엇보다도 혁신의 결과, 더욱 투명한 사회로 만들기에 양심 자본주의, 자연 자유주의, 도덕 인본주의, 그리고 민주주의의 발전에 크게 기여한다. 이제 혁신은 삶의 모든 분야에 걸쳐 목적을 가지고 변화를 끌어내는 활동 기반이 되었다.

혁신이 변화를 만들어 내기도 한다. 그러나 그것은 드물다. 스마트폰에서는 모토롤라 Motorola와 노키아 Nokia가 제품 완성을 위한 보완기술들의 선두였으나 결승선에 먼저 도착한 것은 애플이었다. 애플은 스마트폰 혁신으로 불투명한 세상을 투명하게, 거의 빛의 속도로 빠르게 바꿀 수 있는 도구를 제공했다. 이런 혁신은 결코 아무나 할 수 있는 것이 아니다. 보통 이미 일어난 변화를 이용한다. 변화와 그 변화를 사람들이 인식하고 받아들일 때까지의 시차를 이용하는 것이다. 하지만 이 시차 기간은 길지 않다. 다음 단계로 도약하지 못 하면 그 다음 기회로 넘어가기 전에 절벽에서 추락하게 된다. 많은 사람은 여전히 어제에 머물고 있어 이 기간에는 치열한 경쟁자를 만나는 일이 없다. 첨단기술 분야의 혁신은 많은 자원투입이 필요하며 새로운 기술적 도전이라 실패율도 높고, 성공률과 생존하고 난 뒤 지속생존율이 낮다. 하지만, 성공했을 경우의 보상은 수많은 실패를 보상하고도 남는다. 반면, 혁신을 피하고 기존 자원을 단순히 최적화하려는 노력만큼 위험한 것도 없다. 혁신에 도전하여 성공한 기업에 진압되고 만다.

혁신 자체가 새로운 자원을 만들어 낸다. 혁신이 도입되기 전까지 약초는 잡초로, 광석은 돌덩이로, 페니실린 곰팡이는 병균으로, 심지어 석유도 냄새 나고 귀찮은 검은색 기름덩이에 불과했다.

혁신은 공급보다는 수요를 강조해서, 소비자가 자원에서 얻는 가치와 만족을 바꾸는 활동이라고 할 수 있고, 내부의 강점을 외부의 기회와 연결하는 것이다.

성공적인 혁신전략은
현재가 아니라
다음에 올 것에 초점을 맞춘다.

불치병이라 하여 명의 名醫도 포기했던 환자가 어느 날 갑자기 완쾌되는 기적이 일어난다. 경영혁신이라고 해서 반드시 체계적인 방법으로만 달성할 수 있는 것은 아니다. 예외는 언제나 있다. 그러나 그런 기적은 배울 수도 없고 모방할 수 있는 것도 아니며 예측은 더욱이 불가능하다. 기적을 바라면서 기다릴 수 없는 일이다. 달성 가능한 것으로 혁신의 원칙과 핵심이 무엇인지 파악하고 그에 따라 혁신을 달성하기 위해 꼭 해야 할 일과 하지 말아야 할 일의 조건들은 제시할 수 있다.

꼭 해야 할 일;

1. 목적지향으로 기회 분석에서 시작한다.
혁신 주제와 그로부터 얻는 기회는 산업이나 기업마다 다르므로 혁신 기회의 탐색과 분석은 규칙적이며 체계적으로 할 수 있는 조직을 만들어 활동해야 한다.

2. 사무실 밖으로 나가서 시장을 보고 고객을 만나야 한다. 정확한 공식 통계 말고는 가상 소설 같은 보고서에 의지하는 경영자는 게으르거나 무책임한 사람이다.

3. 간단하고 목표에 초점이 맞추어져 있어야 한다.
우리는 흔히 혁신의 결과가 시장에 등장한 뒤에, '아니 겨우 이거야, 왜 나는 이런 쉬운 것을 생각하지 못했지'라는 말을 듣는다. 새로운 고객과 시장에서도 혁신이 일어나야 할 구체적 용도, 수요, 최종 결과에 초점을 맞추는 것이 중요하다.

4. 작게 시작한다.
혁신활동은 거창하지 않아야 한다. 혁신 자체가 미지의 세계를 탐색하는 것에서 시작하는 것이고, 결과를 예측할 수 없으니 처음에 자원투입을 소규모로 하고, 한정된 시장을 대상으로 작게 출발하는 것이 유리하다. 너무 거창하게 시작하면 항공모함을 조종할 때 재빨리 항로를 변경할 수 없는 것처럼 한번 들어가기 시작한 자원은 회사를 위험에 빠뜨릴 수 있다.

5. 처음부터 주도권을 잡는 데 목표를 둔다.
혁신의 결과 큰 기업으로 성공하게 될지 작은 성과로 끝날지는 알 수 없다. 목표 시장이 클 수도 있고 작을 수도 있다. 그렇지만 처음부터 시장의 주도권을 잡지 않으면, 자칫 경쟁자를 끌어들이는 기회만 제공하고 끝나게 된다.

하지 말아야 할 일;

1. 무조건 독창적인 것을 하려는 것

평범한 사람이 추진할 수 있어야 한다. 흔치 않은 우수한 사람들만 해야 하는 혁신은 실패하기 쉽다.

2. 한꺼번에 너무 많은 것을 하려는 것

이것저것에 모두 손대면 자원이 금방 동날뿐더러 어느 것 하나도 제대로 성공시키기 어렵다. 조직 내 자원이 초점을 맞출 수 있는 통합의 핵심이 있어야 한다. 자원 공급 능력을 벗어난 다각화와 분산은 혁신활동에 가장 해로운 것이다. 그런 능력이 있다 하더라도 전선 戰線을 동시에 여러 곳으로 벌려서는 실패할 가능성이 높다.

3. 미래를 위해 혁신하려는 것

이 말은 오늘의 경영이 미래의 결과를 위한 것이라는 말과 충돌하지 않는다. 컴퓨터도 최고급이 등장하고 25년이 되어서야 제대로 작동하는 상용 제품이 나왔다.

혁신은 25년 뒤에

고객이 넘쳐나는 모습을 상상하는 일이 아니다.

오늘의 고객이 기다리는 솔루션을 제공해야 한다. 에디슨은 사람들의 전기 지식이 보편화할 때까지 10년을 기다렸다가 2년 동안 전구라는 단 하나의 혁신주제에 집중하여 시장의 주도자가 되었다. 미래는 위험 속에서 탄생한다. 혁신이 위험을 피하여 미래를 현실로 당겨올 방법은 없다.

이와 관련하여 미국의 다르파 DARPA[17] 사례를 볼 필요가 있다. 다르파의 개발 전략 첫 계명은 '파격적인 혁신'이며 성공 여부를 검증하는 방법은 '미래를 현실로 만드는 것'이다.

다르파는 25년 뒤의 미래를 기대하는 것이 아니라,
'미래를 현재로 가져온다'는
혁신목표를 실행하고 있다.

다르파가 우리 삶에 기여한 것은 엄청난데, 미 항공우주국 NASA도 여기서 분사한 것이며 오늘의 인터넷, GPS, 모바일 전화, 야간투시경, 원거리 통신, 기상 위성 등 수없이 많다.

---

17. 1957년 당시 소련이 인류 역사상 처음으로 인공위성 발사에 성공하자, 위기를 느낀 미국의 아이젠하워 대통령에 의해 1958년에 설립된 미 국방성 산하의 방위 고등연구계획국이다. 일년에 29억 7천만 달러의 예산으로 240명의 직원을 두고 있으나, 외부 과학기술자들과 연구소를 통해 공동개발 및 위탁개발을 활발하게 진행한다.

다르파는 인간의 능력을 향상시키기 위해 노력했던 기관으로 기억되기 원한다. 그런 다르파가 최근 텔레파시 Telepathy 개발을 위해 뇌-기계의 인터페이스 Interface 기술 개발에 장기 투자로 30억 달러를 배정해 놓았다.

혁신을 성공시키는 세 가지 조건;
- 혁신은 작업이다.
  열정, 집념, 책임감이 절실하다. 이런 것 없이는 지식도 아무 소용 없다.

- 자신의 강점을 바탕으로 한다.
  적성에 맞아서 좋아하는 일이 아니면 성과를 내기는 어렵다. 그게 아니면 좌절하거나 포기하기 쉽다. 혁신활동은 자신의 강점을 활용하는 것이다.

- 시장 지향적이어야 한다.
  혁신은 사람, 경제, 사회 전체에 영향을 주는 일이다. 스마트폰은 세상을 더욱 투명하게 만들고 민주화를 앞당기는 원동력이 되었다.

핵심 가이드 19

혁신기회의 탐색 방법은 무엇인가

일곱 가지는 드러커가 제시한 것이고, 여덟 번째 기후변화는 21세기 현실을 반영한 나의 생각이다.

혁신의 정의는 기존 자원이 새로운 부를 생산하도록 하는 것이라고 했다. 그런 혁신의 원천은 기회에서 탄생한다. 그런 기회탐색 방법 여덟 가지를 정리하면;

1. 예상하지 못한 사건

아무도 주의를 기울이지 않는 것이고, 눈에 잘 띄지도 않는다. 그래서 무시하거나 지나치기 쉬운 것이다. 지금은 컴퓨팅 업계의 대기업이나 1930년대 IBM은 세계 최초로 은행용 전자기계식 장부 정리 기계를 개발하는데 있는 돈을 모두 다 써 버렸다. 1930년대라면 미국이 대공황 시기라 어떤 은행도 그런 고가 장비를 살 여력이 되지 못했다. 행운은 최악의 위기에 우연히 찾아오는 법이다. IBM의 왓슨 회장이 어떤 만찬회에서 옆에 앉게 된 여성이 IBM의 새로운 기계에 관심을 보이면서 왜 뉴욕 공립도서관에 보여주지 않는지 물었다. 그 여성은 바로 그 도서관의 관장이었고, IBM은 다음날 그 도서관을 방문해서 충분한 주문을 받고 다시 도약하게 된다. 처음에 IBM이 목표로 했던 고객이 아니라 전혀 새로운 고객이 등장하여 큰 고객이 된 것이다. 비즈니스는 실제로 고객이 결정하는 것이지, 공급자가 결정하는 것이 아니라는 사실을 여기서 배울 수 있다. 발기부전 치료제로 사용되는 비아그라Viagra는 고혈압 치료제로 개발하던 제품이었다. 우연히 발기부전 치료에 효과가 있다는 것을 발견한 제약회사 화이자Pfizer에 엄청난 부를 안겨준 제품이다.

그런 성공에 못지않게 실패도 혁신 기회를 제공하는 징후라고 생각하고 다루어야 한다. 예상하지 못했던 일은 세 가지로 나눌 수 있다.

- 예상하지 못했던 성공
- 예상하지 못했던 실패
- 예상하지 못했던 외부의 사건

2. 불일치

실제 현실과 모든 사람이 당연히 그래야 한다고 가정하고 있는 것의 차이에 혁신 기회가 있다. 해상 운송에서 컨테이너의 개발은 배가 짐을 내리기 위해 항구에 정박해야 하는 시간과 다시 다른 짐을 싣는 시간을 획기적으로 줄였다. 1973년 중동에서 일어난 석유파동을 계기로 일본 자동차는 소형이면서 연비가 높다는 것으로 미국시장에서 돌풍을 일으키기 시작했다. 일본은 두 번째 도전으로 드디어 미국 시장에 안착하게 된 것이다. 대형차만 선호하던 미국인들이 석유 가격 폭등으로 비용을 무시할 수 없었던 것이다. 불일치는 네 가지로 나눌 수 있다.

- 일치하지 않는 경제적 현실
- 현실과 그에 대한 가정 사이의 불일치
- 가치와 기대에 대해 소비자가 인식하는 것과 실제 현실 사이의 불일치
- 프로세스의 리듬 또는 논리적 불일치

3. 프로세스상의 필요성

이것은 예상치 못한 것이나 불일치와 같이 기업, 산업, 서비스 부문 내부에 있고, 다른 혁신기회 요소와 병용하기도 한다. 다른 점은 환경 변화에서 시작하는 것이 아니라 당연하게 해야 할 일을 기초로 한다. 즉, 상황이 아니라 과업에 초점을 맞추는 일이다. 내부자들은 이미 알고 있는 것일 수도 있는데, 바로 잃어버린 고리를 찾는 작업이다.

프로세스 상의 필요성으로 개발된 대표적인 혁신 제품이 키보드 Keyboard다. 오늘날 표준으로 자리 잡은 키보드는 처음 타자기가 개발된 뒤 지속적인 개선으로 탄생한 것이다. 1873년 미국의 발명가, 신문사 설립자, 정치가였던 크리스토퍼 라담 숄즈 Christopher Latham Sholes가 오랫동안 인내심을 발휘한 결과다. 프로세스상의 필요성에는 아래 다섯 가지 잣대가 필요하다.

- 독립적인 프로세스여야 하는 것
- 잃어버린 연결고리가 존재한다는 것
- 목적이 무엇인지 분명하게 정의할 수 있어야 하는 것
- 문제해결을 위한 명세서가 명확하게 규정될 것
- 반드시 좋은 해결책이 있다는 열린 마음으로 폭넓게 지식을 받아들일 것

전체 순서는 프로세스 상의 필요성이 발견되고 나서 다섯 가지 잣대와 맞는지 검토하고, 끝으로 다음 세 가지 조건을 충족하는지 확인해야 한다.

- 우리는 정말 필요한 것이 무엇인지 이해하고 있는가
- 그 필요한 것을 충족시키기 위한 지식은 이용할 수 있는가, 또는 최신 기술 수준에서 해결할 수 있는가.
- 그로 인한 해결책이 목표시장 사용자의 도덕 기준과 가치 기준에 맞는가 아니면 어긋나는가.

4. 산업구조와 시장구조의 변화

산업구조와 시장구조의 변화는 해당 산업과 기업의 외부에 있는 사람들에게는 매우 뚜렷하게 보이며 그들은 기회라고 느낀다. 내부에 있는 사람들은 그것을 위협으로 인식하고 방어적 자세를 취한다. 이 구조적 변화에 대응한 혁신은 단순하게 유지하는 것이 필요하다. 복잡한 혁신과정은 효과를 내지 못한다.

자동차 산업은 더는 자동차 업계의 전유물이 아니다. 엔진이 필요 없는 전기자동차가 등장하면서 자동차는 소비재로 바뀌고 있다. 탁월한 디자인과 비즈니스 플랫폼을 설계할 수 있다면 누구라도 자동차 산업에 참여할 수 있게 된 것이다. 마침내 자동차 산업은 산업 내부가 아니라 외부자들에 맞서 생존해야 하는 상황에 놓였다. 이제는 그 무엇보다도 자동차 산업에서 혁신 기회가 많을 것이다

우버 Uber의 등장으로 택시업계가 크게 타격을 받은 것은 물론이거니와, 에어비앤비 Airbnb는 호텔업계에도 지각변동을 일으켰다. 20세기까지만 해도 철벽 같았던 산업간 경계가 사라지고 있다. 더는 보호라는 것이 없으며, 나만의 안전지대도 사라졌다. 혁신하지 못하는 자는 살아남을 수 없다. 기업이 살고 죽는

것은 오직 고객의 손에 달려 있을 뿐이다.

5. 인구구조의 변화

이것은 기업 외부의 일이며 기업이 통제할 수 있는 요소도 아니다. 기업이 할 수 있는 일이라곤 그 변화구조를 진지하게 관찰하고 무엇을 해야 하고 무엇을 하지 말아야 하는지 신속한 의사 결정만 필요하다. 인구구조의 변화는 전체인구, 나이별 인구, 성별 구조, 고용수준, 교육수준, 소득 구조 등의 인구 통계변화를 주목해야 한다. 이런 정보들은 모두 분명하고 그런 구조변화에 따라 몰고 오게 될 결과도 예측 할 수 있다.

이미 고령화 시대로 진입한 나라에서는 노인들을 대상으로 기회를 찾아내지 못하면 살아남기 어렵다. 젊은이들의 결혼 시기가 늦어지거나 독신 가구가 늘어나, 일인 상품 시장이 빠르게 성장하고 있다. 일인용 밥솥이나 냉장고도 등장했으며 식당에서조차 일인용 칸막이 좌석이 있다. 기혼가정에서도 자녀는 한 명만 낳고 있는 탓에 그 아이는 가정의 유일한 기쁨이자 희망이 되고 있다. 아이를 위해서라면 돈을 아끼지 않으니, 아이에게 좋다면 가격이 문제가 아니다. 혁신기회 탐색이 가장 수월한 곳이 인구구조의 변화를 대상으로 하는 것이다.

6. 인식변화

여기서 혁신 기회를 발견하는 것은 타이밍이다. 역사적으로 여성에게 참정권이 부여된 것도 얼마 되지 않는다. 미국은 1920년에 이루어졌으며 한국은 1948년에 허용되었다. 여성은 집안에 틀어박혀 가사와 육아에만 몰두해야 하던 시대는 사라지고 있다. 한국에서도 오르기만 하는 물가와 주거비의 상승으로 결혼 뒤 부부가 모두 경제활동을 하지 않으면 살기 어려운 시대로 진입했다.

인식변화로 기회가 늘어난 시장은 남성화장품 시장이다. 아름다움의 추구는 여성의 의무이자 권리라고 생각했던 것이 남성에게까지 확대되었다. 그러나 인식변화는 고정된 것이 아니다. 일시적 유행인 경우도 흔하고, 그런 추세가 지속할 수 있을지 알 수 없으므로 인식변화에 따른 혁신투자는 타이밍을 포착하고 소규모로 또한 구체적으로 출발해야 한다.

7. 새로운 지식과 아이디어

지식을 기반으로 하는 혁신은 최상급이다. 주로 기술혁신으로 나타나는데 기술개발 뒤 제품화까지 시간이 오래 걸린다. 새로운 과학이론도 마찬가지다. 새로운 지식이 하루아침에 상품화되어 사용된 적은 없고, 다른 지식의 발전과 통합으로 만들어진다. 컴퓨터만 하더라도 진공관과 트랜지스터의 발견, 수학적 이진법, 펀치카드, 운용 프로그램 등이 없었다면 현실화될 수 없는 제품이다.

스마트폰은 애플을 통해 무선전화기에서 모바일기기로 탈바꿈하였고 사람들의 필수기기가 되었다. 스마트폰에 필요한 기술을 모두 애플이 개발한 것도 아니다. 그것은 이미 나와있던 여러 기술과 애플의 소프트웨어 기술이 통합된 것이다. 제대로 된 스마트폰이 시장에 등장하기까지는 오랜 시간도 걸렸지만 안정된 기반기술들이 없었다면 볼 수 없는 물건이다.

새로운 지식이 미치는 범위는 매우 넓다. 월스트리트의 대형 금융기업인 골드

만삭스 Goldman Sachs의 블랭크페인 Lloyd C. Blankfein회장은 2015년 '골드만 삭스는 IT기업'이라고 선언했다. 이 회사는 구성원의 25%가 컴퓨터 엔지니어다. 한때 600명에 달하던 주식 중개인들이 지금은 단 두 명만 남았다. 컴퓨팅 기술과 인공지능으로 대체한 것이다. 새로운 지식은 이처럼 파괴력이 높고, 사람들이 기존에 가지고 있던 고정관념을 쉽게 바꿀 뿐만 아니라 비즈니스 틀을 완전히 바꿀 수 있다. 혁신기회 가운데 새로운 지식과 아이디어가 제공하는 것만큼 강력한 것은 없다.

8. 기후변화

19세기 후반부터 관찰되기 시작한 지구온난화는 여러 가지 과학적 조사와 증거로 확인되었다. 남극의 빙하는 하루가 다르게 녹고 있으며 지구온난화에 따른 이상기후는 지구 곳곳에 나타난다. 한반도는 기후 변화로 사과 생산지가 강원도까지 북상한 것은 물론이고, 바다의 수온도 변하여 잡히는 어종도 달라졌다. 뚜렷했던 사계절이 마치 긴 여름과 긴 겨울만 있는 것처럼 느껴지기도 한다.

기후변화는 산업과 시장 전체에 냉정하게 영향을 미치는 요인이다. 혹독한 겨울이 오래갈 것이라는 일기예보를 믿고 대량으로 제품을 쌓아둔 의류기업은 망하기 쉽다. 기후변화에 따른 수요변화를 실시간으로 대응할 수 있는 생산시스템을 갖지 못한 의류기업은 파산한다. 스페인의 의류와 소품 제조 판매 기업인 자라 Zara는 일찍이 이 변화를 혁신으로 받아 들인 기업이다. 바다 수온의 변화로 하루아침에 고기들이 폐사해버린 양식장도 속출하고, 일조량 부족이나 폭우로 망쳐버린 농사도 드물지 않다. 혁신기회로서 기후변화는 피할 수 없는 현실이 되었다.

이 여덟 가지 혁신기회 탐색방법은 기업 경영자에게만 필요한 것이 아니다. 1인 경영자인 우리 지식노동자 각자가 자신의 인생설계를 위한 정보탐색 방법으로 활용할 수 있고, 미래에 바라는 결과를 창조하기 위해 각자가 가지고 있는 현재 자원을 어디에 투입할 것인지 그 방향을 결정하는 데 활용할 수 있다.

핵심 가이드 20

현대 경영의 3요소는 무엇인가

미래를 예측할 수 없다는 것을 알고 있는 지식노동자는 오늘의 행복을 내일로 미루지 않는다.

> 인간의 행복이란
> 물질 物質이 주는 소비수준의 향상을 무시 無視하기 어렵다.

몸	마음	머니
재미	감동	유익
육체	정신	경제

경영의 부등식

19세기 산업혁명 시대에는 토지, 노동, 자본이 생산의 3요소였다면, 20세기에는 자본, 기술, 인재로 바뀌었다. 경영은 무엇이라고 말하던 인간에 관한 것이다. 학습을 통해 발전한 21세기 지식노동자 시대에서는 재미|몸, 감동|마음, 유익|돈이야말로 경영의 본질이다. 창의성을 요구하지만, 창의성은 재미에서 탄생하기가 쉬운 것이지 압박이나 공포가 아니다.

조직에서는 생산수단인 자본과 기술을 선택하고 운영하는 주체인 사람에 따라 성과가 달라진다. 의사결정과 행동기준은 구성원들이 인식하고 느끼는 재미, 감동, 유익 세 가지에 달려있다. 지식노동자는 이 세 가지의 각자 선택을 따른다. 표준이란 없다. 모두 다르다는 것을 인정하는 원칙만 있을 뿐이다. 누구나 일이 재미있다고만 해서 성과를 내는 것도 아니며, 사회적으로 그 일이 뜻 있는 공헌을 한다고 해서 헌신하는 것도 아니고, 많은 돈을 벌 수 있다고 몰입하는 것도 아니다. 이 세 가지의 개인별 선택 조합에 따라 일에 대한 책임감, 구성원 간 협력과 성과 여부가 달라진다.

재미로만 사회에 공헌하는 사람들이 위키피디아 같은 곳에서 자발적으로 내용을 검증하고 정보를 올리는 사람들이다. 이들에게는 아무런 다른 보상이 없다. 컴퓨터 가격을 낮추는데 크게 공헌한 리눅스 Linux 소프트웨어도 같은 동기로 세상에 나온 것이다. 더 나은 사회를 만드는데 공헌하겠다는 사명과 목표를 가지고 활동하는 비정부단체 NGO 또는 비영리단체 NPO에서 일하는 사람들은 적은 보상으로도 감동과 보람을 가지고 일한다. 여기서 일하는 동안 자신이 도움을 준 단체나 개인으로부터 '덕분에 인생이 바뀌었다'는 말을 듣는 순간 피로가 사라지는 법이다.

유익이 우선인 일반 회사에서는 구성원들이 추구하는 경제적 유익에 타당한 보상을 해주는 것이 가장 중요하겠지만, 조직 안에서의 책임감은 돈으로 살 수 없다. 경제적 보상은 동기유발에 한계를 가지고 있다. 그러나 일의 주인이 되어 전문가로 인정받는 것과 목표달성의 성취감은 지식노동자에게 강점강화와 자부심 증대로 돌아온다. 그들이 스스로 목표를 세우고 주도할 수 있게 할 때 생산성이 올라간다. 지식노동자는 경영자와 파트너로부터 간섭보다는 추적하기와 부채질하기로 신뢰와 지지를 받을 때 잘하겠다는 책임감과 해보겠다는 열정도 증폭한다. 전체 구성원에 대한 획일적 보상은 회사 처지에서는 효율적이겠지만, 구성원 개별적으로는 효과적이지 못하다. 조직이 추구해야 하는 것은 효과가 먼저다.

P7
경영질문 52 해답

1. 부를 창조하는 힘을 자원에 부여하는 사람

2. 삶의 변화

3. 기술을 활용한 효용성

4. 기회

5. 상대가 말하지 않고 있는 것을 듣는 것

6. 책임과 신뢰

7. 자율

8. 고객 창조

9. 고용

10. 현금흐름

11. 우리가 그 사업에 공헌할 수 있는 것은 무엇인가

12. 미래를 알 수 없기에

13. 사명

14. 영업이 필요 없게 만드는 것

15. 그때 그들이 최대성과를 낼 수 있으므로

16. 고객이 인정하는 새로운 가치와 만족을 창조하는 것

17. 고객

18. 조직 외부 | 시장과 고객

19. 충분한 정보

20. 구체적인 목표를 정해주는 것

21. 구조적 변화

22. 할 필요 없는 일을 아는 것

23. 생산성 향상

24. 고객 만족

25. 업무폐기

26. 소프트웨어

27. 고객이 가치 있다고 인정하는 것

28. 사회를 위한 장기적 발상

29. 인간이 할 필요가 없는 일, 인간보다 더 잘할 수 있는 일

30. 조직이 가진 강점과 조직의 사명

31. 충분한 정보제공

32. 본업집중

33. 무엇을 버릴지 결정하는 것

34. 생산성 향상

35. 재미(몸), 감동(마음), 유익(머니)

36. 고객의 실제 변화를 아는 것

37. 정보제공

38. 두 번째 후보자. 누구나 다 알고 있는 경우라 해도 틀린 경우가 많다. 상식이란 또 다른 가정이다.

39. 혁신

40. 실직의 두려움을 제거하고 보장할 것.

41. 경제적 성과의 달성

42. 외부에서 내부를 보는 눈 | Outside-in perspective

43. 내가 공헌할 수 있는 일인가

44. 구성원들에게 질문하고, 그들이 대답하는 것을 듣는 것

45. 다양성 문화

46. 그 직무의 폐기

47. 자연감소 유지 | 비게 된 자리는 6개월 동안 비워둔다. 6개월이 지나도 조직에 아무런 영향이 없다면 그 자리는 필요 없는 자리니 완전히 폐기해도 된다.

48. 정보제공

49. 조직 내 인력이 너무 많다는 것

50. 품질

51. 평범한 사람이 비범한 일을 할 수 있도록 또는 성과를 낼 수 있도록 하는 것. 이 말은 영국의 정치가이자 경제학자였던 윌리엄 베버리지 William Henry Beveridge 경이 한 말이다.

52. 경영

P8
드러커가 컨설팅했거나 눈여겨볼 만한 기업들 20

NO	Website	Business
1	www.alcoa.com	금속재료 회사
2	www.clairol.com	머리카락 염색약품 회사
3	www.cutcocorporation.com	주방용품제조 회사
4	www.echoupal.com	인도의 곡물수출기업
5	www.edwardjones.com	금융서비스 회사
6	www.ericsson.com	종합 통신설비 회사
7	www.homedepot.com	각종 건축관련 물품 판매
8	www.humana.com	의료서비스 회사
9	www.jacobs.com	건설기술회사
10	www.jnj.com	소비재와 의약품 제조회사
11	www.magnet.edu	미국 혁신 공공 교육기관
12	www.medtronic.com	의료기기 회사
13	www.pointsoflight.org	자원봉사안내
14	www.riddell.com	미식축구 용품제조사
15	www.roomtoread.org	빈국 도서관 설립 비영리 법인
16	www.servicemaster.com	종합 방문 서비스 회사
17	www.southernpipe.com	배관수리서비스 회사
18	www.sumerset.com	보트제조사
19	www.volunteermatch.org	자원봉사안내
20	www.wholefoodsmarket.com	식료품 소매 판매 회사

P9
글로벌 지식노동자가 되는 훈련에 쓸모있는 것

여기 추천하는 책들은 경영과 연관된 것을 중심으로 하였고, 몇 권은 글로벌인간의 자질 향상을 위한 것들이다. 한번 읽고 버릴 것들이 아니고, 나의 책 관리 기준에서 살아남은 것들이다. 나는 미니멀리즘 Minimalism을 추구한다.

나는 해마다 책을 정리하면서 다시 읽어보고 마음에 새길만한 가치가 있는 책들만 남기고는 도서관에 기증한다. 지식 자원의 체계적 폐기다. 더욱 현명해지면 처음부터 오랫동안 반복해서 읽겠다는 책을 빼고는 사지 않게 된다. 그래도 언제나 폐기할 책은 생긴다. 이렇게 폐기와 유지를 관리하지 않으면 책 소유욕 所有慾을 이기지 못해 생산성 없는 비용만 증가한다. 어떤 형태로든 모든 소유에는 반드시 비용이 따라 붙는다.

동영상들은 미국에 있으면서 주로 넷플릭스와 아마존을 이용해 볼 수 있었던 다큐멘터리 Documentary를 중심으로 고르고, 다큐멘터리 성격의 드라마 Drama도 포함했다.

도서 목록 20

NO	Title	
1	경영의 실제	피터 드러커	이재규 역	2006	한국경제신문
2	기업가 정신	피터 드러커	이재규 역	2004	한국경제신문
3	그릿GRIT	앤젤라 더크워스	김미정 역	2016	비즈니스북스
4	기브앤테이크Give and Take	애덤 그랜트	윤태준 역	2016	생각연구소
5	마음의 미래	미치오 가쿠	박병철 역	2015	김영사
6	무엇이 당신을 만드는가	이재규 편저	2010	위즈덤하우스
7	미국에 대해 알아야 할 모든 것, 미국사	케네스 데이비스	이순호 역	2005	책과함께
8	성공의 요체	이나모리 가즈오	2016	한국경제신문
9	슈독	필 나이트	안세민 역	2016	서돌
10	알렉로스의 미래산업보고서	알렉로스의 미래산업보고서
11	어떻게 의욕을 불태우는가	이나모리 가즈오	양준호 역	2015	한국경제신문
12	오리지널스	애덤 그랜트	홍지수 역	2016	한국경제신문
13	일과 기술의 경영	일과 기술의 경영
14	자조론	새뮤얼 스마일즈	공병호 역	2006	비즈니스북스
15	카르마 경영	이나모리 가즈오	김형철 역	2005	서돌
16	테크놀로지스트의 조건	피터 드러커	남상진 역	2009	청림출판
17	피터 드러커 - CEO의 조건	피터 드러커	남상진.조광현 역	2007	지평
18	피터 드러커 미공개 강의노트	윌리엄 코헨	김명철 역	2008	문학수첩
19	피터 드러커, 마지막 통찰	엘리자베스 에더사임	이재규 역	2007	명진출판
20	피터 드러커 자서전	피터 드러커	이동현 역	2005	한국경제신문

동영상 목록 36

NO	Title	Supplier	Released
1	A Place at the Table	Amazon	2012
2	American Genius	Amazon	2015
3	Becoming Warren Buffett	HBO	2017
4	Bottled Life	Amazon	2012
5	Capitalism: A Love Story	Amazon	2009
6	Cowspiracy	Netflix	2014
7	Damnation	Netflix	2014
8	Farmageddon	Netflix	2011
9	Food Inc.	Netflix	2008
10	Forks Over Knives	Netflix	2011
11	GasLand	Netflix	2010
12	Gleason	Amazon	2016
13	GMO OMG	Netflix	2013
14	Hungry for Change	Netflix	2012
15	In Time	Amazon	2011
16	Inequality for all	Amazon	2013
17	Inside Job	Netflix	2010
18	Life is Beautiful	Amazon	1998

NO	Title	Supplier	Released
19	Living on One Dollar	Amazon	2013
20	Living Small	Amazon	2014
21	Minimalism	Netflix	2016
22	Mysteries of Unseen World	Amazon	2012
23	More Than Honey	Netflix	2013
24	Plastic Paradise	Amazon	2014
25	Prescription THUGS	Netflix	2015
26	Pump	Netflix	2014
27	Requiem for the American Dream	Netflix	2015
28	Seeds of Time	Netflix	2013
29	SiCKO	Amazon	2007
30	Temple Grandin	Amazon	2010
31	The Business of Being Born	Netflix	2008
32	The Divide	Netflix	2015
33	The Man Who built America	History C.	2012
34	The True Cost	Netflix	2015
35	Where to invade next	Amazon	2016
36	ZEITGEIST: Addendum	Netflix	2008

P10
마무리하면서

헌법에는 인간은 누구나 자유와 평등이라는 권리를 갖고 있다고 적혀있지만, 현실 세계에서 그 법은 강자에게 주어진 것이다. 약자가 자유와 평등의 권리를 지킬 수 있는 길은 지식노동자로 학습하고, 서로 뭉치고 협력하는 것이다.

인간이 동물보다 위대한 생명체라는 증거는 인간의 기준이다. 그것은 위대하다는 것이 무엇인가에 따라 달라진다. 만약, 아니라고 주장한다면 그건 아무런 근거 없이 부자나 고학력자가 가난하거나 저학력자보다 인격적인 된사람이라고 말하는 것과 같다. 자신이 살고 있는 환경을 스스로 파괴하는 생명체는 인간밖에 없고, 종교, 신념, 재화를 문제 삼아 수백만 명의 사람을 죽이는 것도 오직 인간이다.

양극화가 더욱 심해지는 치열한 인간 사회에서 인간답게 살기 위해서는 성공적인 기버로 '학습하는 지식노동자'가 되어야 한다. 학력, 학벌, 배경, 재력과 관계없이 능력, 실력, 인격으로 더불어 잘사는 '인본주의 사회'를 만들자.

우리말 적용의 노력

이 책을 엮을 때 순 우리말을 쓰려고 애를 썼지만, 우리에게 워낙 일본어와 영어에서 오염된 말들이 많아 여간 힘든 일이 아니었다. 때로는 하는 수 없이 일본어나 영어를 그대로 적용했다. 그렇게 하지 않으면 이 책을 읽는 사람들이 이해하기가 쉽지 않을 수 있다고 생각해서다.

특히 일본어 형식이 문제가 되는 것은 사람들이 '~의'를 무작정 사용하는 것과 미국 영어가 한국으로 들어 오면서 익숙해진 번역투 용어인 '~ 때문에'와 '수동태 형식'의 말들이다. 중학생이라도 이 책을 읽고 이해할 수 있도록 하는 것이 나의 욕구였으나, 나 역시 외래어에 오래 젖어 있는 탓에 만만치 않은 작업이었다. 따라서 읽는 데 불편함이 남아 있을 것이다.

인간은 자기 능력을 넘어서는 일은 하기 어렵다. 그러므로 독자들이 느끼는 불편함이나 미흡함은 모두 나의 책임이고 내 능력의 한계임을 너그럽게 받아들여 주기 바란다.

피터 드러커의 실천 경영 해석

경영의
부등식

ⓒ2017. 조영덕

펴낸날	초판1쇄 2017년 9월 5일
지은이	조영덕
펴낸이	임정무
펴낸곳	도서출판 무지개마을
출판등록	제2014-000001호
주 소	경기도 안성시 고삼면 신창길 132
이메일	tbw0920@naver.com
인쇄처	㈜코리아프린테크
기획총괄	교육법인 국제사회교육재단 1566-1965

ISBN 979-11-955033-3-9
값 15,000원

* 이 책은 저작권 법에 따라 보호받은 저작권이므로 무단전재와 무단복제를 금지하며, 이 책 내용의 전부 또는 일부를 이용하려면 반드시 저작권자와 무지개마을의 서면동의를 받아야 합니다.